KB200335

부모를 위한 강철 멘탈 필사노트

IRON WILL FOR PARENTS

| 목 차 |

CHAPTER. 1

부모가 된다는 것

Becoming Parents

1. DATE. 20 . . .

A child's first breath takes yours away.
아이의 첫 숨은 부모의 숨을 멎게 합니다.

Vocabulary

breath [브레스]	take a deep breath
n. 숨, 호흡	깊이 숨을 들이쉬다
realize [리얼라이즈]	realize the depth of love
v. 깨닫다, 인식하다	사랑의 깊이를 깨닫다
responsibility [리스펀서빌리티]	embrace parental responsibility
n. 책임감	부모의 책임감을 받아들이다
breathtaking [브레스테이킹]	a breathtaking moment
a. 숨이 멎을 듯한, 경이로운	숨이 멎을 듯한 순간
awe [오]	inspire awe
n. 경이로움	경외심을 불러일으키다
gratitude [그래티튜드]	express deep gratitude
n. 감사	깊은 감사를 표현하다
unconditional [언컨디셔널]	give unconditional love
a. 무조건적인	무조건적인 사랑을 주다

The moment your child takes their first breath, your world changes forever. As you hold them in your arms, you realize the true depth of love, joy, and responsibility. Parenthood is a breathtaking journey, filled with moments of awe, gratitude, and unconditional love.

아이가 첫 숨을 쉬는 순간 부모의 세상은 완전히 바뀝니다. 아이를 품에 안는 순간, 부모는 사랑과 기쁨, 그리고 책임의 진짜 깊이를 깨닫게 됩니다. 부모가 된다는 것은 숨이 멎을 듯한 감동과 감사함, 그리고 무조건적인 사랑으로 가득 찬 여정입니다.

_____

_____

_____

_____

_____

_____

_____

_____

_____

_____

2. DATE. 20 . . .

A person's a person, no matter how small.

아무리 작은 아이라도 소중한 존재입니다.

Vocabulary

person [퍼슨] n. 사람, 존재	respect every person 모든 사람을 존중하다
regardless [리가들리스] ad. 상관없이, 개의치 않고	regardless of size 크기에 상관없이
inherent [인헤런트] a. 타고난, 본질적인	recognize inherent worth 타고난 가치를 인정하다
dignity [디그니티] n. 존엄성, 품위	preserve human dignity 인간의 존엄성을 지키다
compassion [컴패션] n. 연민, 동정	foster compassion in society 사회에서 연민을 키우다
perspective [퍼스펙티브] n. 관점, 시각	respect different perspectives 다양한 관점들을 존중하다
confidence [컨피던스] n. 자신감	build confidence 자신감을 키우다

Every person, regardless of size or age, has inherent value and dignity. Recognizing their existence and unique perspective fosters a world built on compassion and respect. When we acknowledge a child's worth, we help them grow with confidence.

모든 사람은 크기나 나이와 상관없이 가치와 존엄성을 지닙니다. 그들의 존재와 독특한 관점을 인정하는 것은 연민과 존중이 있는 세상을 만드는 길입니다. 아이들의 가치를 인정할 때, 그들은 자신감을 가지고 성장할 수 있습니다.

_____

_____

_____

_____

_____

_____

_____

_____

_____

3. DATE. 20 . . .

Becoming a parent means watching your heart walk outside your body.

부모가 된다는 것은 당신의 심장이 몸 밖에서 걸어 다니는 것을 지켜보는 일입니다.

Vocabulary

parent [페어런트] n. 부모	become a loving parent 사랑이 넘치는 부모가 되다
unlike [언라이크] prep. ~와 다른	unlike expectations 예상과 다른
unconditional [언컨디셔널] a. 무조건적인	give unconditional love 무조건적인 사랑을 주다
limitless [리미틀리스] a. 무한한	feel limitless devotion 무한한 헌신을 느끼다
explore [익스플로어] v. 탐험하다, 탐구하다	explore the world 세상을 탐험하다
vulnerability [벌너러빌리티] n. 연약함, 취약성	the vulnerability of love 사랑의 연약함
reminder [리마인더] n. 상기시켜 주는 것	a constant reminder 끊임없이 상기시켜 주는 것

The love you feel as a parent is unlike any other—it is deep, unconditional, and limitless. Watching your child explore the world, you realize that a part of you lives within them. Parenthood is both a beautiful joy and a constant reminder of the vulnerability of love.

부모로서 느끼는 사랑은 다른 어떤 것과도 비교할 수 없이 깊고 조건없는 무한한 사랑입니다. 아이가 세상을 탐험하는 모습을 보며, 당신의 일부가 그들 안에서 살아가고 있음을 깨닫게 됩니다. 부모됨은 아름다운 기쁨인 동시에, 사랑의 연약함을 끊임없이 느끼게 하는 과정입니다.

---

4. DATE. 20 ． ． ．

The soul is healed by being with children.

아이들과 함께할 때 영혼이 치유됩니다.

Vocabulary

heal [힐]	heal the mind
v. 치유하다, 회복시키다	마음을 치유하다
companionship [컴패니언십]	lifelong companionship
n. 교류, 동반 관계	평생 지속되는 동반 관계
innocence [이노센스]	childlike innocence
n. 순수함	어린아이 같은 순수함
restore [리스토어]	restore inner peace
v. 되찾다, 회복하다	내면의 평화를 되찾다
wonder [원더]	see the world with wonder
n. 경이로움, 감탄	세상을 경이롭게 바라보다
perspective [퍼스펙티브]	gain a fresh perspective
n. 관점, 시각	새로운 관점을 얻다
fulfillment [풀필먼트]	emotional fulfillment
n. 충만감, 성취감	정서적 충만감

Spending time with children heals the soul by bringing joy and companionship. Their innocence and pure emotions help adults restore a sense of wonder and peace. Through their unique perspective, we rediscover love, laughter, and fulfillment in life.

아이들과 함께하는 시간은 영혼을 치유하고 기쁨과 동반감을 선사합니다. 그들의 순수함과 꾸밈없는 감정은 어른들이 내면의 평화와 삶의 경이로움을 되찾게 해줍니다. 아이들의 독특한 시각을 통해 우리는 사랑, 웃음, 그리고 충만감을 다시금 경험하게 됩니다.

5. DATE. 20 . . .

Don't limit a child to your own learning, for they were born in another time.

아이들을 당신의 지식 안에 가둬두지 마세요 그들은 우리와 다른 시대에 태어났습니다.

Vocabulary

limit [리밋]	limit access
v. 제한하다	접근을 제한하다
curiosity [큐리어시티]	foster a child's curiosity
n. 호기심	아이의 호기심을 키우다
perspective [퍼스펙티브]	explore new perspectives
n. 관점, 시각	새로운 관점을 탐색하다
evolve [이볼브]	evolve with the times
v. 발전하다, 진화하다	시대에 맞춰 발전하다
innovation [이노베이션]	embrace innovation
n. 혁신	혁신을 받아들이다
wisdom [위즈덤]	gain wisdom
n. 지혜	지혜를 얻다
empower [임파워]	empower children to succeed
v. 힘을 실어 주다, 가능하게 하다	아이들이 성공할 수 있도록 힘을 주다

Education should not limit a child's curiosity to past learning but instead open doors to fresh perspectives. Each generation must evolve with the times, embracing innovation while preserving wisdom. When we adapt to new knowledge, we empower children to thrive in their own era.

교육은 아이들의 호기심을 과거의 지식으로 제한해서는 안 되며, 새로운 관점을 탐색할 기회를 제공해야 합니다. 각 세대는 시대에 맞게 발전해야 하며, 혁신을 받아들이면서도 지혜를 지켜야 합니다. 새로운 지식에 적응해 나갈 때, 우리는 아이들이 그들의 시대에 성장할 수 있는 힘을 줄 수 있습니다.

6. DATE. 20 . . .

The best way to make children good is to make them happy.

아이들을 바르게 키우는 최고의 방법은 그들을 행복하게 해주는 것입니다.

Vocabulary

raise [레이즈]	raise children with love
v. 키우다, 양육하다	아이를 사랑으로 키우다
well-being [웰-빙]	ensure children's well-being
n. 안녕, 복지	아이들의 안녕을 보장하다
security [시큐리티]	emotional security
n. 안정감, 보호	정서적 안정감
nurture [너처]	nurture a loving environment
v. 양육하다, 기르다	사랑이 넘치는 환경을 조성하다
fulfillment [풀필먼트]	seek fulfillment
n. 충만감, 성취감	성취감을 추구하다
kindness [카인드니스]	cultivate kindness through love
n. 친절, 선함	사랑을 통해 친절을 기르다
strength [스트랭스]	build inner strength
n. 강인함, 힘	내면의 강인함을 키우다

A child raised with happiness and well-being naturally learns to be good. Providing emotional security and nurturing a loving environment are the best ways to support growth. When children feel fulfillment, they develop kindness and strength.

행복과 안녕 속에서 자란 아이들은 자연스럽게 선한 가치를 배웁니다. 정서적 안정을 제공하고 사랑이 넘치는 환경을 형성하는 것이 아이들의 성장을 돕는 가장 좋은 방법입니다. 아이들이 충만감을 느낄 때, 그들은 따뜻한 마음과 강인함을 함께 키울 수 있습니다.

_____

_____

_____

_____

_____

_____

_____

_____

_____

_____

7. DATE. 20 . . .

Behind every young child who believes in themselves is a parent who believed first.

자신을 믿는 모든 아이 뒤에는 먼저 그를 믿어준 부모가 있습니다.

Vocabulary

believe [빌리브]	believe in their potential
v. 믿다	그들의 가능성을 믿다
foundation [파운데이션]	build a strong foundation
n. 기반, 토대	강한 기반을 만들다
confidence [컨피던스]	foster confidence through trust
n. 자신감	신뢰를 통해 자신감을 키우다
validation [밸리데이션]	provide validation and support
n. 인정, 확신	인정과 지지를 제공하다
resilience [리질리언스]	develop resilience
n. 회복력	회복력을 기르다
secure [시큐어]	secure and stable
a. 안전한, 확신에 찬	안전하고 안정적인
motivation [모티베이션]	inspire motivation through trust
n. 동기, 의욕	신뢰를 통해 동기를 부여하다

When parents believe in their children, they provide the foundation for confidence and identity. Encouragement and validation help children develop resilience, allowing them to grow into secure, motivated individuals. A child's motivation begins with feeling trusted.

부모가 아이를 믿어주면, 이는 아이의 자신감과 정체성의 기반이 됩니다. 격려와 인정은 아이의 회복력을 키우고, 단단하고 의욕적인 사람이 되도록 해줍니다. 아이의 동기부여는 부모의 신뢰에서 시작됩니다.

---

8. DATE. 20 　 • 　 • 　 •

Teach children to be kind, for kindness is never wasted.

아이들에게 친절을 가르치세요. 친절은 절대 헛되지 않기 때문입니다.

Vocabulary

kindness [카인드니스]	practice daily kindness
n. 친절	매일 친절을 실천하다
compassion [컴패션]	foster compassion in children
n. 연민, 배려	아이들에게 연민을 키우다
integrity [인테그리티]	teach integrity through actions
n. 도덕성, 정직	행동을 통해 도덕성을 가르치다
generosity [제너러서티]	show generosity to others
n. 관대함	다른 사람들에게 관대함을 베풀다
empathy [엠퍼시]	develop empathy through experience
n. 공감	경험을 통해 공감을 기르다
character [캐릭터]	shape strong character
n. 인격, 성품	강한 인격을 형성하다
impact [임팩트]	leave a lasting impact
n. 영향, 효과	오래 지속되는 영향을 남기다

When we teach children kindness, we help them develop compassion and integrity. Acts of generosity and empathy shape strong character and meaningful connections. Even the smallest act of kindness can have a lasting impact on the world.

아이들에게 친절을 가르치면, 그들은 연민과 도덕성을 키울 수 있습니다. 관대함과 공감의 실천은 올바른 인격과 의미 있는 관계를 형성합니다. 작은 친절한 행동이라도 세상에 지속적인 영향을 남길 수 있습니다.

9. DATE. 20 . . .

Do not raise your children to have more than you had; raise them to be more than you were.

아이들이 당신보다 더 많은 것을 소유하게 하려 하기보다, 당신보다 더 나은 사람이 되도록 키우세요.

Vocabulary

wisdom [위즈덤]	share parental wisdom
n. 지혜	부모의 지혜를 나누다
purpose [퍼퍼스]	find a sense of purpose
n. 목적, 의미	삶의 목적을 찾다
material [머티리얼]	beyond material wealth
a. 물질적인	물질적 부를 넘어서
possession [퍼제션]	accumulate material possessions
n. 소유물	물질적 소유를 축적하다
legacy [레거시]	leave a meaningful legacy
n. 유산, 전해주는 가치	의미 있는 유산을 남기다
fulfillment [풀필먼트]	pursue personal fulfillment
n. 충만감, 성취감	개인적인 충만감을 추구하다
strive [스트라이브]	strive for meaning
v. 노력하다, 애쓰다	의미를 위해 노력하다

Providing children with wisdom and a sense of purpose is more valuable than giving them material possessions. As a parent, your greatest legacy is helping them develop strong character and personal fulfillment. True growth happens when we teach them to strive for meaning, not just wealth.

아이들에게 지혜와 목적의식을 심어주는 것이 물질적인 것을 주는 것보다 더 가치 있습니다. 부모로서 당신이 남길 수 있는 가장 위대한 유산은 강한 성품과 개인적인 충만감입니다. 진정한 성장은 부가 아니라 의미를 추구할 때 이루어집니다.

---

10. DATE. 20 . . .

Children are not a distraction from more important work. They are the most important work.

아이들은 더 중요한 일의 방해물이 아닙니다. 그들이야말로 가장 중요한 일입니다.

Vocabulary

distraction [디스트랙션]	avoid a distraction
n. 방해, 산만함	방해 요소를 피하다
commitment [커미트먼트]	make a commitment
n. 헌신, 책임	헌신하다
invest [인베스트]	invest in a child's future
v. 투자하다	아이의 미래에 투자하다
purpose [퍼포스]	find purpose in parenting
n. 목적, 의미	양육 속에서 의미를 찾다
legacy [레거시]	leave a lasting legacy
n. 유산, 업적	지속적인 유산을 남기다
significance [시그니피컨스]	recognize their significance
n. 중요성, 의미	그들의 중요성을 인식하다
foundation [파운데이션]	build a strong foundation
n. 기반, 토대	튼튼한 기반을 구축하다

Raising children is not a distraction; it is the greatest commitment one can make. Investing in them gives life purpose and leaves a lasting legacy. Recognizing their significance lays a strong foundation for the future.

아이를 키우는 것은 방해물이 아니라 가장 위대한 헌신입니다. 아이들에게 투자하는 것은 삶에 의미를 부여하고, 가장 소중한 유산을 남깁니다. 그들의 중요성을 인정하는 것이 더 나은 미래를 위한 탄탄한 기반이 됩니다.

11. DATE. 20 . . .

Be the parent you needed when you were younger.
당신이 어릴 때 필요했던 부모가 되세요.

Vocabulary

thrive [스라이브]	thrive in challenges
v. 번영하다, 성장하다	도전 속에서 번창하다
guidance [가이던스]	provide strong guidance
n. 지도, 안내	확고한 지도를 제공하다
understanding [언더스탠딩]	show deep understanding
n. 이해, 공감	깊은 이해를 보이다
security [시큐리티]	give emotional security
n. 안정감, 안전	정서적 안정감을 주다
compassion [컴패션]	lack of compassion
n. 연민, 배려	연민의 부족
generation [제너레이션]	the next generation
n. 세대, 발생	다음 세대
foundation [파운데이션]	build a strong foundation
n. 기반, 토대	강한 기반을 형성하다

Children thrive when they receive guidance, understanding, and security from their parents. Offering compassion and wisdom nurtures their growth and confidence. Being the parent you once needed creates a strong foundation for the next generation.

아이들은 부모로부터 지도, 이해, 그리고 안전함을 제공받을 때 건강하게 성장합니다. 배려와 지혜를 나누는 것이 아이들의 성장과 자신감을 키우는 핵심입니다. 당신이 어릴 때 필요했던 부모가 되는 것이 다음 세대를 위한 최고의 기반이 됩니다.

_____

_____

_____

_____

_____

_____

_____

_____

_____

12. DATE. 20 . . .

Your children will remember how you made them feel.

아이들은 당신이 그들에게 어떤 감정을 느끼게 해주었는지를 기억할 것입니다.

Vocabulary

remember [리멤버] v. 기억하다	remember emotions 감정을 기억하다
thrive [스라이브] v. 번영하다, 성장하다	thrive with love 사랑과 함께 성장하다
consistency [컨시스턴시] n. 일관성, 한결같음	consistency in parenting 양육에서의 일관성
foundation [파운데이션] n. 기반, 토대	strengthen the emotional foundation 정서적 기반을 강화하다
affection [어펙션] n. 애정	express affection openly 애정을 솔직하게 표현하다
connection [커넥션] n. 연결, 유대감	create lasting connections 오래 지속되는 유대감을 형성하다
nurture [너처] v. 양육하다, 기르다	nurture confidence through love 사랑을 통해 자신감을 키우다

Children thrive when they feel loved, valued, and understood by their parents. Building trust through consistency and care strengthens their emotional foundation. Expressing affection openly creates lasting connections that shape their confidence. The way you nurture your child today will influence the way they love themselves tomorrow.

아이들은 부모의 사랑, 존중, 그리고 이해 속에서 건강하게 성장합니다. 일관된 보살핌으로 신뢰를 쌓는 것이 아이들의 정서적 기반을 단단하게 합니다. 애정을 솔직하게 표현하는 것이 아이들의 자신감을 형성하는 데 중요한 역할을 합니다. 오늘 당신이 아이를 어떻게 돌보느냐가 그들이 내일 자신을 어떻게 사랑할지를 결정합니다.

13. DATE. 20 . . .

Children need to feel safe before they can truly grow.

아이들은 진정으로 성장하기 전에 먼저 안전하다고 느껴야 합니다.

Vocabulary

thrive [스라이브]	children thrive when secure
v. 번영하다, 잘 자라다	안전할 때 아이들은 잘 자란다
secure [시큐어]	feel emotionally secure
a. 안정된, 확신하는	정서적으로 안정감을 느끼다
allow [얼라우]	allow children to explore
v. 허락하다, 가능하게 하다	아이들이 탐색하도록 허용하다
explore [익스플로어]	explore their surroundings
v. 탐험하다, 탐색하다	그들의 주변을 탐색하다
grow [그로우]	grow with confidence
v. 성장하다	자신감을 가지고 성장하다
consistent [컨시스턴트]	provide consistent support
a. 일관된	일관된 지지를 제공하다
foster [포스터]	foster resilience and self-worth
v. 기르다, 촉진하다	회복력과 자존감을 기르다

Children thrive when they feel emotionally and physically secure. A safe and loving environment allows them to explore, make mistakes, and grow with confidence. Building trust and providing consistent support fosters resilience and self-worth. Your child's sense of safety today will shape their courage tomorrow.

아이들은 정서적, 신체적으로 안전하다고 느낄 때 건강하게 성장합니다. 안전하고 사랑이 넘치는 환경에서 아이들은 자유롭게 탐색하고, 실수를 통해 배우며, 자신감을 가지고 자랍니다. 신뢰를 쌓고 꾸준한 지지를 제공하는 것이 회복력과 자존감을 길러줍니다. 오늘 당신이 아이에게 주는 안정감이 내일 그들의 용기를 형성합니다.

_____

_____

_____

_____

_____

_____

_____

_____

14. DATE. 20 . . .

The words you speak to your child become their inner voice.

당신이 아이에게 하는 말이 그들의 내면의 목소리가 됩니다.

Vocabulary

belief [빌리프] n. 신념	shape strong beliefs 강한 신념을 형성하다
self-worth [셀프-워스] n. 자존감	build self-worth 자존감을 기르다
encouragement [인커리지먼트] n. 격려	offer daily encouragement 매일 격려를 제공하다
positive [파지티브] a. 긍정적인	develop a positive inner voice 긍정적인 내면의 목소리를 형성하다
harsh [하쉬] a. 가혹한, 거친	avoid harsh words 가혹한 말을 피하다
doubt [다우트] n. 의심	create self-doubt 자기 의심을 만들어내다
instill [인스틸] v. 서서히 심어주다	instill confidence 자신감을 심어주다

Your words shape your child's thoughts, beliefs, and self-worth. Speaking with kindness, encouragement, and love builds a positive inner voice that will guide them through life. Harsh words can create doubt, while supportive words instill confidence. Choose words that nurture, so your child learns to speak to themselves with kindness.

부모의 말은 아이의 사고방식, 신념, 그리고 자존감에 영향을 미칩니다. 친절하고 격려하며 사랑이 담긴 말은 아이의 내면에 긍정적인 목소리를 만들어 평생을 함께합니다. 날카로운 말은 의심을 심지만, 따뜻한 말은 자신감을 키워줍니다. 아이가 스스로에게 친절하게 말할 수 있도록, 당신의 말을 신중하게 선택하세요.

---

15. DATE. 20 . . .

Show up for your child today, so they never doubt your love tomorrow.

오늘 아이 곁에 있어주면, 내일 그들은 당신의 사랑을 의심하지 않을 것입니다.

Vocabulary

presence [프레즌스]	sense of presence
n. 존재, 함께함	존재감
consistently [컨시스턴틀리]	perform consistently
ad. 지속적으로	지속적으로 성과를 내다
reassure [리어슈어]	reassure them of your love
v. 안심시키다, 확신시키다	당신의 사랑을 그들에게 확신하게 하다
unwavering [언웨이버링]	offer unwavering support
a. 변함없는, 확고한	변함없는 지지를 제공하다
trust [트러스트]	build trust through presence
n. 신뢰	함께하는 것으로 신뢰를 쌓다
security [시큐리티]	provide emotional security
n. 안정감, 안전	정서적 안정감을 주다
lifetime [라이프타임]	shape love and trust for a lifetime
n. 평생, 일생	평생 동안 사랑과 신뢰를 형성하다

Children need to feel loved not just through words but through presence. Consistently showing up for them, in both big and small ways, reassures them of your unwavering love. When children trust that you will always be there, they grow with confidence and emotional security. Your presence today shapes their sense of love and trust for a lifetime.

아이들은 말뿐만 아니라 부모의 존재를 통해 사랑을 느낍니다. 크고 작은 순간마다 아이 곁에 있어주는 것이 변함없는 사랑을 확신하게 합니다. 부모가 언제나 함께할 것이라는 신뢰가 아이들에게 자신감과 정서적 안정감을 키워줍니다. 오늘 당신이 함께하는 것이 아이들의 평생 사랑과 신뢰를 형성합니다.

16. DATE. 20 . . .

A child's confidence is built through encouragement, not criticism.

아이의 자신감은 비판이 아니라 격려를 통해 형성됩니다.

___

___

___

___

Vocabulary

confidence [컨피던스]	gain confidence
n. 자신감	자신감을 얻다
encouragement [인커리지먼트]	offer encouragement daily
n. 격려	매일 격려를 제공하다
criticism [크리티시즘]	avoid harsh criticism
n. 비판	가혹한 비판을 피하다
flourish [플러리쉬]	flourish with praise
v. 번창하다, 성장하다	칭찬 속에서 성장하다
constructive [컨스트럭티브]	provide constructive feedback
a. 건설적인	건설적인 피드백을 제공하다
progress [프로그레스]	encourage steady progress
n. 발전, 향상	꾸준한 발전을 격려하다
ability [어빌리티]	demonstrate ability
n. 능력, 재능	능력을 발휘하다

Children flourish when their efforts are recognized and encouraged. While constructive feedback helps them grow, excessive criticism can damage their confidence. Focus on what they do well and encourage their progress rather than just correcting mistakes. A child who feels supported will believe in their own abilities.

아이들은 자신의 노력이 인정과 격려를 받을 때 더욱 성장합니다. 건설적인 피드백은 필요하지만, 과한 비판은 아이의 자신감을 해칠 수 있습니다. 실수를 지적하기보다, 잘하는 점을 강조하고 발전을 격려하세요. 부모의 지지를 받는 아이는 자신의 능력을 믿을 수 있습니다.

_____

_____

_____

_____

_____

_____

_____

_____

17. DATE. 20   . . .

Your presence matters more than your perfection.
당신의 완벽함보다, 함께하는 시간이 더 중요합니다.

Vocabulary

presence [프레즌스]	your presence matters
n. 존재, 함께 있음	당신의 존재가 중요하다
perfection [퍼펙션]	release the need for perfection
n. 완벽함	완벽하려는 욕심을 내려놓다
engaged [인게이지드]	be fully engaged
a. 몰입하는, 참여하는	완전히 몰입하다
moment [모먼트]	cherish the small moments
n. 순간	작은 순간을 소중히 여기다
emotional [이모셔널]	form emotional connections
a. 정서적인	정서적 유대감을 형성하다
pressure [프레셔]	feel parental pressure
n. 압박감, 부담	부모로서의 부담을 느끼다
cherish [체리쉬]	cherish forever
v. 소중히 여기다	영원히 소중히 여기다

Children don't need a perfect parent; they need a present one. Being fully engaged in their lives, even in small moments, creates strong emotional connections. Let go of the pressure to be perfect, and focus on simply being there for your child. Your presence is the greatest gift they will cherish forever.

아이들은 완벽한 부모보다 함께하는 부모를 필요로 합니다. 작은 순간에도 온전히 몰입하는 것이 강한 정서적 유대를 형성합니다. 완벽해야 한다는 부담을 내려놓고, 아이와 함께하는 것 자체에 집중하세요. 당신의 존재는 아이가 평생 간직할 가장 소중한 선물입니다.

_____

_____

_____

_____

_____

_____

_____

_____

_____

18. DATE. 20 . . .

The best way to raise a happy child is to be a happy parent.

행복한 아이를 키우는 최고의 방법은 행복한 부모가 되는 것입니다.

Vocabulary

raise [레이즈]	raise a confident child
v. 키우다, 양육하다	자신감 있는 아이를 키우다
absorb [업조브]	absorb emotions
v. 흡수하다, 받아들이다	감정을 흡수하다
prioritize [프라이어러타이즈]	prioritize self-care
v. 우선시하다	자기 돌봄을 우선하다
well-being [웰-빙]	emotional well-being
n. 안녕, 건강한 상태	정서적 안녕
resilience [리질리언스]	teach resilience
n. 회복력	회복력을 가르치다
optimism [옵티미즘]	foster optimism in children
n. 낙관주의, 긍정적인 태도	아이들에게 낙관적인 태도를 길러주다
balance [밸런스]	achieve emotional balance
n. 균형	감정의 균형을 이루다

Children absorb the emotions of their parents, whether joy or stress. By prioritizing your own happiness and well-being, you naturally create a positive home environment. A happy parent teaches their child resilience, optimism, and emotional balance. Take care of yourself, and you will raise a child who knows how to find happiness.

아이들은 기쁨이든 스트레스든 부모의 감정을 그대로 흡수합니다. 부모가 자신의 행복과 건강을 우선시할 때, 가정은 자연스럽게 긍정적인 환경이 됩니다. 행복한 부모는 아이에게 회복력과 낙관적인 태도, 그리고 감정적 균형을 가르칩니다. 자신을 잘 돌보면, 아이도 스스로 행복을 찾는 법을 배우게 됩니다.

_____

_____

_____

_____

_____

_____

_____

_____

19. DATE. 20 . . .

Every moment with your child is a chance to plant love and wisdom.

아이와 함께하는 모든 순간은 사랑과 지혜를 심을 기회입니다.

Vocabulary

plant [플랜트]	plant seeds of hope
v. 심다, 심어주다	희망의 씨앗을 심다
interaction [인터랙션]	create meaningful interactions
n. 상호작용	의미 있는 상호작용을 만들다
patience [페이션스]	teach patience through love
n. 인내, 참을성	사랑을 통해 인내를 가르치다
wisdom [위즈덤]	share wisdom daily
n. 지혜, 통찰력	매일 지혜를 나누다
guidance [가이던스]	offer gentle guidance
n. 지도, 안내	부드러운 지도를 제공하다
foundation [파운데이션]	build a strong foundation
n. 기반, 토대	강한 기반을 형성하다
cherish [체리쉬]	cherish each moment
v. 소중히 여기다, 간직하다	매 순간을 소중히 하다

Every interaction with your child is an opportunity to teach love, patience, and wisdom. Small moments— listening, laughing, or offering encouragement— create lasting memories and values. Your presence and guidance today shape the person they will become tomorrow. Cherish each moment, for it is the foundation of their future.

부모와 아이가 나누는 모든 순간이 사랑과 인내, 그리고 지혜를 가르칠 기회가 됩니다. 이야기를 들어주고, 웃고, 격려하는 작은 순간들이 평생 가는 기억과 가치가 됩니다. 오늘 부모의 존재와 가르침이 아이의 미래를 형성합니다. 매 순간을 소중히 여기세요. 그것이 아이의 인생의 토대가 됩니다.

20. DATE. 20 . . .

Becoming a parent is the beginning of a love that knows no limits.

부모가 된다는 것은 끝이 없는 사랑의 시작입니다.

Vocabulary

transform [트랜스폼]	transform love into devotion
v. 변화시키다	사랑을 헌신으로 변화시키다
boundless [바운들리스]	boundless love
a. 한없는, 무한한	무한한 사랑
unconditional [언컨디셔널]	unconditional affection
a. 무조건적인	무조건적인 애정
experience [익스피리언스]	valuable experience
n. 경험	귀중한 경험
parenthood [페어런트후드]	the journey of parenthood
n. 부모가 되는 일, 양육	부모됨의 여정
patience [페이션스]	teach through patience
n. 인내	인내심으로 가르치다
sacrifice [새크리파이스]	make personal sacrifices
n. 희생	개인적인 희생을 감수하다

Becoming a parent transforms love into something boundless and unconditional. The joy of holding your child for the first time, watching them grow, and guiding them through life is an experience like no other. Parenthood is not just about raising a child—it is about discovering the depths of love, patience, and sacrifice within yourself.

부모가 된다는 것은 끝이 없는 무조건적인 사랑을 경험하는 일입니다. 처음 아이를 안았을 때의 기쁨, 그들이 성장하는 모습을 지켜보는 감동, 그리고 인생을 이끌어 주는 과정은 무엇과도 비교할 수 없습니다. 양육은 단순히 아이를 키우는 것이 아니라, 사랑과 인내, 그리고 희생의 깊이를 발견하는 과정입니다.

_____

_____

_____

_____

_____

_____

_____

_____

21. DATE. 20 . . .

Your children will become what you are; so be what you want them to be.

아이들은 당신을 닮아갑니다. 그러니 아이들이 되길 바라는 모습을 먼저 보여주세요.

_____

_____

_____

Vocabulary

observe [업저브] v. 관찰하다, 지켜보다	observe their parents 부모를 관찰하다
absorb [업조브] v. 흡수하다, 받아들이다	absorb values from actions 행동을 통해 가치를 흡수하다
habit [해빗] n. 습관, 버릇	form positive habits 긍정적인 습관을 형성하다
resilient [리질리언트] a. 회복력이 강한	raise resilient children 회복력 있는 아이를 키우다
embody [임바디] v. 구현하다, 실천하다	embody a principle 원칙을 구현하다
integrity [인테그리티] n. 정직, 도덕성	demonstrate integrity daily 매일 정직함을 보여주다
curiosity [큐리어시티] n. 호기심	foster curiosity in learning 배움에 대한 호기심을 키우다

Children observe and absorb their parents' habits, emotions, and values. They learn more from actions than words. If you want your child to be kind, resilient, and courageous, embody those qualities yourself. Demonstrating integrity, patience, and curiosity in daily life teaches them far more than instructions ever could.

아이들은 부모의 습관과 감정, 가치를 관찰하고 흡수합니다. 그들은 말보다 행동에서 더 많은 것을 배웁니다. 아이가 친절하고 회복력이 있으며 용감하기를 원한다면, 부모가 먼저 그런 모습을 보여야 합니다. 정직함, 인내, 호기심을 일상에서 보여주는 것이 어떤 것보다 강력한 교육이 됩니다.

22. DATE. 20 . . .

Parenthood is not about being perfect—it's about being present.

부모가 된다는 것은 완벽해지는 것이 아니라, 함께하는 것입니다.

Vocabulary

parenthood [페어런트후드]	embrace parenthood
n. 부모 역할	여정을 받아들이다
perfectly [퍼펙틀리]	perform perfectly
ad. 완벽하게	완벽하게 해내다
consistent [컨시스턴트]	consistent presence
a. 일관된	일관된 존재감
presence [프레즌스]	emotional presence
n. 존재, 함께함	정서적 존재감
shape [셰이프]	shape child's development
v. 형성하다	아이의 발달을 형성하다
development [디벨럽먼트]	emotional development
n. 발달, 성장	정서적 발달
strengthen [스트렝쓴]	strengthen family relationship
v. 강화하다	가족 관계를 강화하다

Parenthood is not about having all the answers or doing everything perfectly. It is about being there for your child, sharing moments of laughter, tears, and learning together. It's your consistent presence, not perfection, that shapes your child's development and strengthens your relationship.

부모가 된다는 것은 모든 답을 알고 완벽하게 해내는 것이 아닙니다. 아이와 함께하며 웃고, 울고, 배우는 순간을 나누는 것입니다. 아이의 발달을 형성하고 당신과의 관계를 강화하는 것은 완벽함이 아니라, 꾸준한 존재감입니다.

_____

_____

_____

_____

_____

_____

_____

_____

_____

_____

23. DATE. 20 . . .

Children learn more from what you are than what you teach.

아이들은 부모가 말하는 것보다 부모가 어떤 사람인지에서 더 많은 것을 배웁니다.

Vocabulary

observe [업저브]	observe daily behavior
v. 관찰하다	일상 행동을 관찰하다
influence [인플루언스]	the influence of behavior
n. 영향, 영향력	행동의 영향력
behavior [비헤이비어]	positive behavior
n. 행동	긍정적인 행동
spoken [스포큰]	spoken lessons
a. 말로 표현된	말로 하는 가르침
perceive [퍼시브]	perceive values
v. 인식하다, 알아차리다	가치를 인식하다
subconscious [섭컨셔스]	subconscious desires
a. 잠재의식의	잠재의식적 욕망
integrity [인테그리티]	build identity with integrity
n. 정직, 성실	정직하게 자아를 형성하다

Children learn by observing the world around them, especially their parents. The influence of daily behavior is far greater than spoken lessons, as children perceive values at a subconscious level. Setting an example helps them build their identity with integrity.

아이들은 주변을 관찰하며 배우며, 특히 부모를 보고 많은 것을 배웁니다. 말로 가르치는 것보다 일상의 행동이 더 깊은 영향을 미치며, 아이들은 이러한 가치를 잠재의식적으로 받아들입니다. 올바른 본보기를 보이는 것이 아이들이 진실된 자아를 형성하도록 도와줍니다.

24. DATE. 20 . . .

The greatest lessons in life come from your child.

인생에서 가장 위대한 가르침은 아이에게서 옵니다.

_____

_____

_____

_____

Vocabulary

patience [페이션스]	teach parents patience
n. 인내	부모에게 인내를 가르치다
curiosity [큐리어시티]	children's natural curiosity
n. 호기심	아이들의 타고난 호기심
remind [리마인드]	remind of joy
v. 상기시키다	기쁨을 상기시키다
appreciate [어프리시에이트]	appreciate present moment
v. 감사하다	현재 순간에 감사하다
rediscover [리디스커버]	rediscover life's beauty
v. 재발견하다	인생의 아름다움을 재발견하다
beauty [뷰티]	beauty of life
n. 아름다움	인생의 아름다움
moment [모먼트]	cherish each moment
n. 순간	매 순간을 소중히 여기다

While parents teach their children about life, children teach parents about love, patience, and joy. Their curiosity reminds us to see the world with fresh eyes, and their laughter teaches us to appreciate the present moment. Through them, we rediscover the beauty of life.

부모는 아이에게 삶을 가르치지만, 아이는 부모에게 사랑과 인내, 그리고 기쁨을 가르쳐 줍니다. 아이들의 호기심은 세상을 새롭게 바라보게 하고, 그들의 웃음은 현재의 순간을 소중히 여기는 법을 일깨워 줍니다. 아이를 통해 우리는 인생의 아름다움을 다시 발견합니다.

25. DATE. 20 . . .

Being a parent means leaving a legacy of love.
부모가 된다는 것은 사랑의 유산을 남기는 것입니다.

_____

_____

_____

_____

Vocabulary

legacy [레거시]	leave a lasting legacy
n. 유산, 영향	오래 남을 유산을 남기다
instill [인스틸]	instill strong values
v. 심어주다, 가르쳐 주다	강한 가치를 심어주다
kindness [카인드니스]	show kindness daily
n. 친절, 따뜻함	매일 친절을 베풀다
shape [셰이프]	shape a child's future
v. 형성하다, 만들다	아이의 미래를 형성하다
raise [레이즈]	raise a compassionate child
v. 양육하다, 키우다	배려심 있는 아이를 키우다
generations [제너레이션즈]	pass down love for generations
n. 세대, 후손	세대에 걸쳐 사랑을 전하다
last [래스트]	last for a moment
v. 지속되다	잠시 지속되다

Every lesson, hug, and moment of love you share with your child becomes part of their future. The values you instill, the kindness you show, and the love you give will shape the person they become. Being a parent is not just about raising a child—it is about leaving behind a legacy of love that lasts for generations.

부모가 아이에게 주는 모든 가르침, 포옹, 그리고 사랑의 순간이 그들의 미래를 형성합니다. 부모가 심어준 가치관, 보여준 친절, 그리고 나눈 사랑이 아이의 인격을 만들어 갑니다. 부모가 된다는 것은 단순히 아이를 키우는 것이 아니라, 세대를 이어가는 사랑의 유산을 남기는 것입니다.

CHAPTER. 2

부모의 감정

The Emotions of Parenthood

26. DATE. 20   .   .   .

You don't have to be a perfect parent to be a good one.

좋은 부모가 되기 위해 완벽할 필요는 없습니다.

Vocabulary

parenting [페어런팅] n. 양육	parenting with love 사랑으로 양육하기
pressure [프레셔] n. 부담, 압박	release unnecessary pressure 불필요한 부담을 내려놓다
trust [트러스트] v. 신뢰하다	trust your efforts 당신의 노력을 신뢰하다
effort [에퍼트] n. 노력	consistent parenting effort 꾸준한 양육 노력
matter [매터] v. 중요하다	efforts truly matter 노력이 정말 중요하다
perfection [퍼펙션] n. 완벽함	seek parental perfection 부모로서 완벽함을 추구하다
need [니드] v. 필요로 하다	need your presence 당신의 존재를 필요로 하다

Parenting is not about being perfect—it's about showing up with love and doing your best. Let go of the pressure to always have the right answers, and trust that your efforts matter. Your child doesn't need perfection; they just need you.

부모가 된다는 것은 완벽해지는 것이 아니라, 사랑을 가지고 최선을 다하는 것입니다. 항상 정답을 찾아야 한다는 부담을 내려놓고, 당신의 노력이 중요하다는 것을 믿으세요. 아이에게 필요한 것은 완벽한 부모가 아니라, 그대로의 당신입니다.

_____

_____

_____

_____

_____

_____

_____

_____

_____

_____

27. DATE. 20 . . .

It's okay to feel overwhelmed—you are doing enough.

감당하기 벅차다고 느껴도 괜찮습니다. 당신은 충분히 잘하고 있습니다.

Vocabulary

overwhelmed [오버웰름드]	feel emotionally overwhelmed
a. 감정에 압도된	감정적으로 압도되다
exhausting [이그저스팅]	an exhausting day
a. 기진맥진하게 하는	기진맥진한 하루
perfectly [퍼펙틀리]	do everything perfectly
ad. 완벽하게	모든 것을 완벽하게 해내다
great [그레이트]	a great parent
a. 훌륭한	훌륭한 부모
effort [에퍼트]	your love and effort
n. 노력	당신의 사랑과 노력
matter [매터]	what truly matters
v. 중요하다	진정으로 중요한 것
kindness [카인드니스]	show kindness daily
n. 친절, 다정함	매일 친절을 베풀다

There will be days when parenting feels exhausting, and that's okay. You don't have to do everything perfectly to be a great parent—your love and effort are what truly matter. Give yourself the same kindness you show your child.

부모로서 힘든 날이 있을 것입니다. 하지만 괜찮습니다. 완벽하게 해내지 않아도, 당신의 사랑과 노력이 충분히 훌륭한 부모가 되는 데 가장 중요한 요소입니다. 아이에게 주는 친절을 자신에게도 베푸세요.

_____

_____

_____

_____

_____

_____

_____

_____

_____

_____

28. DATE. 20 . . .

Taking care of yourself is also taking care of your child.

자신을 돌보는 것이 곧 아이를 돌보는 것입니다.

Vocabulary

pour [포어]	pour water
v. 붓다, 따르다	물을 붓다
enable [이네이블]	enable access
v. 가능하게 하다	접근을 가능하게 하다
prioritize [프라이오리타이즈]	prioritize self-care
v. 우선시하다	자기 돌봄을 우선시하다
well-being [웰빙]	support emotional well-being
n. 안녕, 복지	정서적 안녕을 지원하다
patience [페이션스]	parent with patience
n. 인내	인내심을 갖고 양육하다
energy [에너지]	share positive energy
n. 에너지, 활력	긍정적인 에너지를 나누다
create [크리에이트]	create a happy home
v. 창조하다, 만들다	행복한 가정을 만들다

You cannot pour from an empty cup—taking care of yourself enables you to show up fully for your child. Prioritizing your well-being helps you parent with more patience, love, and energy. A happy parent creates a happy child.

빈 컵에서는 물을 따를 수 없습니다. 스스로를 돌볼 때, 아이에게 온전히 집중할 수 있습니다. 자신의 행복과 건강을 우선시할 때, 더 많은 사랑과 인내, 그리고 에너지를 가지고 아이를 돌볼 수 있습니다. 행복한 부모가 행복한 아이를 만듭니다.

_____

_____

_____

_____

_____

_____

_____

_____

_____

_____

29. DATE. 20 . . .

You are not alone—every parent has hard days.

당신은 혼자가 아닙니다. 모든 부모에게는 힘든 날이 있습니다.

Vocabulary

doubt [다우트]	experience moments of doubt
n. 의심, 불확실성	의심의 순간을 겪다
exhaustion [이그저스천]	feel deep exhaustion
n. 탈진, 기진맥진	심한 탈진을 느끼다
struggle [스트러글]	overcome a struggle
n. 어려움, 고군분투	어려움을 극복하다
community [커뮤니티]	rely on community support
n. 공동체	공동체의 지지에 의지하다
support [서포트]	offer emotional support
n. 지지, 도움	정서적 지지를 제공하다
understand [언더스탠드]	understand parental challenges
v. 이해하다	부모의 어려움을 이해하다
ahead [어헤드]	look ahead with hope
ad. 앞으로, 앞날에	희망을 가지고 앞날을 바라보다

Every parent experiences moments of doubt, exhaustion, and struggle. It's important to remember that you are not alone—there is a community of parents who understand what you're going through. Lean on those who support you and know that better days are ahead.

모든 부모는 의심과 피로, 그리고 어려움을 겪습니다. 하지만 당신은 혼자가 아니라는 걸 반드시 기억하세요. 당신이 겪고 있는 것들을 이해하는 부모들이 있으며, 도움을 줄 수 있는 공동체가 있습니다. 힘들 때는 도움을 받아들이고, 더 나은 날이 올 것이라는 희망을 가지세요.

_____

_____

_____

_____

_____

_____

_____

_____

_____

_____

30. DATE. 20 . . .

When little people are overwhelmed by big emotions, it's our job to share our calm, not join their chaos.

작은 아이들이 큰 감정에 휩싸일 때, 우리가 해야 할 일은 그들의 혼란에 휘말리지 않고 우리의 평온함을 나누는 것입니다.

Vocabulary

overwhelmed [오버웰름드]	feel overwhelmed by emotions
a. 압도된, 감당하기 힘든	감정에 압도되다
guidance [가이던스]	provide gentle guidance
n. 지도, 안내	부드러운 안내를 제공하다
chaos [케이어스]	create chaos
n. 혼란, 무질서	혼란을 초래하다
presence [프레즌스]	feel a presence
n. 존재, 함께함	존재를 느끼다
soothe [수드]	soothe anxiety
v. 달래다, 진정시키다	불안을 진정시키다
resilience [리질리언스]	build emotional resilience
n. 회복력, 감정적 강인함	감정적인 회복력을 키우다
stability [스태빌리티]	restore stability
n. 안정성, 평온함	안정성을 회복하다

When children feel overwhelmed by their emotions, they need guidance, not more chaos. A parent's calm presence helps soothe their distress and build emotional resilience. Providing stability during tough moments teaches children how to manage their feelings.

아이들이 감정에 압도될 때, 그들은 더 큰 혼란이 아니라 안내를 필요로 합니다. 부모의 평온한 태도는 아이들을 진정시키고 감정적 회복력을 키우는 데 도움을 줍니다. 어려운 순간에 안정감을 제공하는 것이 아이들이 감정을 조절하는 법을 배우는 첫걸음입니다.

31. DATE. 20 . . .

Mistakes don't make you a bad parent—they help you grow.

실수는 나쁜 부모를 만드는 것이 아니라, 당신의 성장을 돕습니다.

Vocabulary

mistake [미스테이크]	learn from mistakes
n. 실수	실수로부터 배우다
opportunity [아퍼튜니티]	view mistakes as opportunities
n. 기회	실수를 기회로 보다
grow [그로우]	grow through challenges
v. 성장하다	도전을 통해 성장하다
answer [앤서]	have all the answers
n. 해답	모든 해답을 갖다
progress [프로그레스]	focus on progress
n. 발전, 향상	진전에 집중하다
achieve [어치브]	achieve steady progress
v. 이루다, 성취하다	꾸준한 발전을 이루다
perfection [퍼펙션]	perfection is not required
n. 완벽함	완벽함은 요구되지 않는다

Every parent makes mistakes, but those mistakes are opportunities to learn and grow. You don't need to have all the answers—you just need to keep trying. Parenting is about making progress, not achieving perfection.

모든 부모는 실수를 합니다. 하지만 실수는 배우고 성장할 기회입니다. 모든 답을 알 필요는 없습니다. 그저 계속 노력하는 것이 중요합니다. 양육은 완벽함을 달성하는 것이 아니라, 나아지는 과정입니다.

---

32. DATE. 20 . . .

Your calm mind is the ultimate weapon against your challenges.

당신의 차분한 마음이 도전에 맞서는 궁극적인 무기입니다.

Vocabulary

calm [캄]	maintain a calm mind
a. 차분한	차분한 마음을 유지하다
ultimate [얼티밋]	the ultimate weapon
a. 궁극적인	궁극적인 무기
self-control [셀프 컨트롤]	practice self-control
n. 자제력	자제력을 기르다
resilience [리질리언스]	build emotional resilience
n. 회복력	정서적 회복력을 키우다
navigate [내비게이트]	navigate through challenges
v. 극복하다, 길을 찾다	도전을 헤쳐 나가다
reaction [리액션]	avoid emotional reaction
n. 반응	감정적인 반응을 피하다
inner [이너]	achieve inner peace
a. 내면의	내면의 평화를 이루다

A calm and focused mind is the ultimate weapon when facing challenges. Self-control and resilience help navigate difficulties without emotional reactions. True strength comes from inner peace and patience.

차분한 마음과 집중력은 도전에 맞설 때 궁극적인 무기입니다. 자기 통제와 회복력을 기르면 감정적 반응 없이 어려움을 헤쳐나갈 수 있습니다. 진정한 강함은 내면의 평온과 인내에서 나옵니다.

33. DATE. 20 . . .

A bad day doesn't make you a bad parent.

힘든 하루가 나쁜 부모를 의미하는 것은 아닙니다.

_____

_____

_____

_____

Vocabulary

normal [노멀]	nonrmal life
a. 정상적인	정상적인 삶
define [디파인]	define identity
v. 정의하다	정체성을 정의하다
grace [그레이스]	receive grace
n. 자비, 은혜	은혜를 받다
breath [브레스]	take a deep breath
n. 숨	깊이 숨을 들이쉬다
remember [리멤버]	remember the lesson
v. 기억하다	교훈을 기억하다
effort [에포트]	make an effort
n. 노력	노력을 기울이다
fresh [프레시]	enjoy the fresh air
a. 새로운, 신선한	신선한 공기를 즐기다

Some days are harder than others, and that's completely normal. One difficult day does not define you as a parent. Give yourself grace, take a deep breath, and remember that tomorrow is a fresh start.

어떤 날은 다른 날보다 더 힘들 수 있고, 그것은 지극히 정상입니다. 힘든 하루가 부모로서의 당신을 결정짓는 것이 아닙니다. 자신을 너그럽게 대하고, 깊이 숨을 들이쉬고, 내일이 새로운 시작이라는 것을 기억하세요.

---

34. DATE. 20 . . .

One of the greatest gifts you can give your child is your own emotional stability.

아이에게 줄 수 있는 가장 큰 선물 중 하나는 부모의 정서적 안정입니다.

Vocabulary

stability [스태빌리티]	maintain emotional stability
n. 안정성, 균형	감정적 안정을 유지하다
security [시큐리티]	provide emotional security
n. 안정감, 보호	정서적 안정감을 제공하다
resilience [리질리언스]	build resilience in children
n. 회복력, 강인함	아이들의 회복력을 키우다
supportive [서포티브]	a supportive environment
a. 지지하는, 도와주는	지지적인 환경
foster [포스터]	foster emotional growth
v. 길러주다, 조성하다	정서적 성장을 촉진하다
mindset [마인드셋]	a positive mindset
n. 사고방식, 태도	긍정적인 사고방식
foundation [파운데이션]	lay the foundation for success
n. 토대, 기반	성공을 위한 기반을 마련하다

A parent's emotional stability is a gift that provides children with security and resilience. A calm and supportive environment fosters stability and shapes their mindset. When parents nurture their own well-being, they lay the foundation for their child's healthy development.

부모의 정서적 안정감은 아이들에게 안정과 회복력을 주는 소중한 선물입니다. 차분하고 지지적인 환경이 안정감을 키우고, 아이들의 사고방식을 형성합니다. 부모가 자신의 정서적 건강을 돌볼 때, 아이의 건강한 성장의 기초를 만들 수 있습니다.

35. DATE. 20 . . .

Parenting is a journey, not a race.

양육은 경주가 아니라, 하나의 여정입니다.

Vocabulary

journey [저니]	embrace the life journey
n. 여정, 과정	삶의 여정을 받아들이다
race [레이스]	a competitive race
n. 경주, 경쟁	경쟁이 치열한 경주
perfectly [퍼펙틀리]	follow instructions perfectly
ad. 완벽하게	지시를 완벽하게 따르다
alongside [얼롱사이드]	work alongside a mentor
ad. 함께, 나란히	멘토와 함께 일하다
progress [프로그레스]	make steady progress
n. 발전, 향상	꾸준히 발전하다
pace [페이스]	the rapid pace of change
n. 속도, 흐름	빠른 변화의 속도
rush [러쉬]	rush to finish
v. 서두르다, 조급해하다	급하게 끝내다

Parenting is not about doing everything quickly or perfectly—it's about growing alongside your child. Each day is a step forward, and progress happens at its own pace. Trust the journey and let go of the need to rush.

양육은 빠르게 완벽하게 해내는 것이 아니라, 아이와 함께 성장하는 과정입니다. 하루하루가 앞으로 나아가는 과정이며, 성장에는 각자의 속도가 있습니다. 조급함을 내려놓고 여정을 신뢰하세요.

36. DATE. 20 . . .

Even on your hardest days, you are still a good parent.

가장 힘든 날에도, 당신은 여전히 좋은 부모입니다.

Vocabulary

exhausted [이그저스티드]	feel completely exhausted
a. 지친, 기진맥진한	완전히 지친 상태가 되다
frustrated [프러스트레이티드]	feel frustrated at times
a. 좌절한, 답답한	때때로 좌절감을 느끼다
unsure [언슈어]	be unsure of the answer
a. 확신이 없는	정답에 대해 확신이 없다
define [디파인]	clearly define goals
v. 정의하다, 규정하다	목표를 명확히 규정하다
ability [어빌리티]	demonstrate ability
n. 능력, 역량	능력을 발휘하다
effort [에포트]	put in effort
n. 노력, 수고	노력을 들이다
presence [프레즌스]	appreciate someone's presence
n. 존재, 함께함	누군가의 존재를 소중히 여기다

There will be days when you feel exhausted, frustrated, or unsure. But those feelings do not define your ability as a parent. Your love, your effort, and your presence are what make you a great parent, even on the hardest days.

지칠 때도, 좌절할 때도, 확신이 없을 때도 있을 것입니다. 하지만 그런 감정들이 부모로서의 능력을 결정짓는 것은 아닙니다. 당신의 사랑과 노력, 그리고 함께하는 순간들이 당신을 좋은 부모로 만듭니다.

---

37. DATE. 20 . . .

Patience is not just waiting; it's loving, guiding, and believing in your child through every stage.

인내란 단순히 기다리는 것이 아니라, 사랑하고, 이끌어 주며, 아이를 끝까지 믿어주는 것입니다.

Vocabulary

patience [페이션스]	develop patience in parenting
n. 인내, 참을성	양육에서 인내심을 기르다
guide [가이드]	guide a child's growth
v. 이끌다, 안내하다	아이의 성장을 이끌다
believe [빌리브]	believe in the truth
v. 믿다, 신뢰하다	진실을 믿다
support [서포트]	support a decision
v. 지지하다, 지원하다	결정을 지지하다
reassurance [리어슈어런스]	provide reassurance daily
n. 안심, 확신	매일 안심을 주다
nurture [너쳐]	nurture emotional growth
v. 양육하다, 기르다	감정적 성장을 키우다
confidence [컨피던스]	build lasting confidence
n. 자신감, 확신	지속적인 자신감을 형성하다

Parenting requires patience, not just to wait, but to guide, believe in, and support a child through each stage of life. Reassurance and consistent love help nurture emotional growth and build lasting confidence.

양육에서 필요한 인내심은 단순한 기다림이 아니라, 아이를 이끌고, 믿으며, 각 성장 단계에서 꾸준히 지지하는 것입니다. 안심을 주고, 변함없는 사랑을 베푸는 것이 정서적 성장과 깊은 자신감을 키우는 길입니다.

38. DATE. 20 . . .

Comparison is the thief of joy—your parenting journey is unique.

비교는 기쁨을 빼앗아 갑니다. 당신의 양육은 고유한 것입니다.

_____

_____

_____

_____

Vocabulary

comparison [컴패리슨]	make a fair comparison
n. 비교	공정한 비교를 하다
thief [띠프]	catch a thief
n. 도둑, 빼앗는 것	도둑을 잡다
unique [유니크]	unique perspective
a. 독특한, 고유한	독특한 관점
alone [얼론]	travel alone
ad. 혼자, 단독으로	혼자 여행하다
expectation [익스펙테이션]	meet expectations
n. 기대, 예상	기대를 충족하다
focus [포커스]	focus on details
v. 집중하다, 초점을 맞추다	세부 사항에 집중하다
let go of [렛 고 어브]	let go of guilt
v. ~을 놓아주다, 떨쳐내다	죄책감을 내려놓다

It's easy to compare yourself to other parents, but your journey is uniquely yours. No two families are the same, and that's okay. Focus on what works for you and your child, and let go of outside expectations.

다른 부모들과 자신을 비교하는 것은 쉽습니다. 하지만 당신의 양육 여정은 오직 당신만의 것입니다. 모든 가정은 다르며, 그래도 괜찮습니다. 당신과 아이에게 맞는 방식에 집중하고, 외부의 기대에는 신경 쓰지 마세요.

---

39. DATE. 20 . . .

Your love matters more than your mistakes.
당신의 사랑이 실수보다 더 중요합니다.

Vocabulary

matter [매터]	every decision matters
v. 중요하다	모든 결정이 중요하다
mistake [미스테이크]	learn from mistakes
n. 실수	실수로부터 배우다
define [디파인]	define success
v. 정의하다, 규정하다	성공을 정의하다
kindness [카인드니스]	appreciate kindness
n. 친절	친절에 감사하다
patience [페이션스]	parent with patience
n. 인내	인내심을 가지고 양육하다
effort [에포트]	recognize effort
n. 노력	노력을 인정하다
difference [디퍼런스]	make a big difference
n. 차이, 영향	큰 변화를 만들다

Every parent makes mistakes, but those mistakes do not define you. What truly matters is the love you show your child every day. Your kindness, patience, and effort are what make the biggest difference.

모든 부모는 실수를 하지만, 실수가 당신을 결정짓지는 않습니다. 진짜 중요한 것은 매일 아이에게 보여주는 사랑입니다. 당신의 친절, 인내, 그리고 노력이 아이에게 가장 큰 영향을 미칩니다.

40. DATE. 20 . . .

Small moments of love matter more than grand gestures.

작은 사랑의 순간들이 거창한 행동보다 더 중요합니다.

Vocabulary

gesture [제스처]	appreciate a kind gesture
n. 행동, 표현	친절한 행동에 감사하다
expensive [익스펜시브]	own an expensive car
a. 값비싼	값비싼 차를 소유하다
grand [그랜드]	grand architecture
a. 거창한, 웅장한	웅장한 건축물
presence [프레즌스]	maintain a strong presence
n. 존재	강한 존재감을 유지하다
remember [리멤버]	remember past experiences
v. 기억하다	과거 경험을 기억하다
simply [심플리]	simply enjoy life
ad. 단순히, 그저	그저 삶을 즐기다
matter [매터]	your words matter
v. 중요하다	당신의 말은 중요하다

Your child won't remember the expensive gifts or grand surprises—but they will remember the moments you spent with them. A hug, a kind word, and simply being there matter more than anything else.

아이들은 값비싼 선물이나 거창한 이벤트를 기억하는 것이 아닙니다. 당신과 함께했던 순간들을 기억합니다. 따뜻한 포옹, 다정한 말 한마디, 그리고 함께하는 시간이 무엇보다도 중요합니다.

_____

_____

_____

_____

_____

_____

_____

_____

_____

_____

41. DATE. 20 . . .

Your best is enough.

당신의 최선이면 충분합니다.

Vocabulary

enough [이너프]	enough time
a. 충분한	충분한 시간
support [서포트]	financially support
v. 지지하다, 지원하다	경제적으로 지원하다
self-doubt [셀프 다우트]	overcome self-doubt
n. 자기 의심	자기 의심을 극복하다
question [퀘스천]	question a decision
v. 의심하다, 의문을 품다	결정을 의심하다
worth [워스]	prove your worth
n. 가치, 소중함	자신의 가치를 증명하다
simply [심플리]	simply being present
ad. 단순히, 그저	그저 함께하는 것
always [올웨이즈]	always do your best
ad. 언제나, 항상	언제나 최선을 다하다

You are doing more than enough by loving, supporting, and showing up for your child. Don't let self-doubt make you question your worth. Your best is always enough.

당신은 아이를 사랑하고 지지하며 함께하는 것만으로도 충분히 잘 하고 있습니다. 자기 의심이 당신의 가치를 흔들게 하지 마세요. 당 신의 최선이면 언제나 충분합니다.

---

42. DATE. 20 .   .   .

Your child loves you just as you are.
아이들은 있는 그대로의 당신을 사랑합니다.

_____

_____

_____

_____

Vocabulary

more [모어]	do more for others
ad. 더 많이	남을 위해 더 많이 하다
love [러브]	love without condition
v. 사랑하다	조건 없이 사랑하다
flaw [플로]	accept flaws with love
n. 결점, 흠	결점을 사랑으로 받아들이다
valuable [밸류어블]	a valuable gift
a. 소중한, 가치 있는	소중한 선물
gift [기프트]	give the gift of presence
n. 선물, 재능	존재 자체를 선물하다
presence [프레즌스]	offer emotional presence
n. 존재, 함께함	정서적 존재감을 제공하다
just [저스트]	love you just as you are
ad. 그저, 단지	너를 있는 그대로 사랑하다

You don't have to be more or do more for your child to love you. They love you for who you are, flaws and all. The most valuable gift you can give them is your presence and love.

아이들에게 사랑받기 위해 더 나은 사람이 될 필요도, 더 많은 것을 해줄 필요도 없습니다. 그들은 흠이 있더라도 있는 그대로의 당신을 사랑합니다. 부모가 아이에게 줄 수 있는 가장 큰 선물은 함께하는 것과 사랑입니다.

43. DATE. 20 . . .

You are raising a child, but you are growing yourself, too.

당신은 아이를 키우는 동시에, 스스로도 성장하고 있습니다.

Vocabulary

grow [그로우] v. 성장하다	grow through experience 경험을 통해 성장하다
challenge [챌린지] n. 도전, 어려움	overcome a challenge 도전을 극복하다
mistake [미스테이크] n. 실수	learn from a mistake 실수로부터 배우다
success [석세스] n. 성공	achieve success over time 시간이 지나며 성공을 이루다
shape [셰이프] v. 형성하다, 만들다	shape your parenting style 당신의 양육 방식을 형성하다
grace [그레이스] n. 자비, 관용	receive grace 자비를 받다
journey [저니] n. 여정, 과정	reflect on the journey 여정을 되돌아보다

As your child grows, so do you. Every challenge, mistake, and success is shaping you into a wiser, stronger parent. Give yourself grace, knowing that parenting is a journey of growth for both you and your child.

아이들이 성장하는 동안, 부모도 함께 성장합니다. 모든 도전, 실수, 그리고 성공이 당신을 더 현명하고 강한 부모로 만들어 갑니다. 양육은 아이와 부모가 함께 성장하는 과정임을 기억하고 스스로를 다독여주세요.

44. DATE. 20 . . .

You are doing better than you think.

당신은 스스로 생각하는 것보다 훨씬 잘하고 있습니다.

Vocabulary

focus [포커스]	focus on progress
v. 집중하다	발전에 집중하다
recognize [레커그나이즈]	recognize the truth
v. 인정하다, 깨닫다	진실을 깨닫다
patience [페이션스]	develop patience
n. 인내	인내심을 기르다
effort [에포트]	make a sincere effort
n. 노력	진심 어린 노력을 하다
difference [디퍼런스]	notice a difference
n. 차이, 영향	차이를 알아차리다
enough [이너프]	have enough time
a. 충분한	충분한 시간을 가지다
wrong [롱]	prove someone wrong
a. 잘못된	누군가가 틀렸음을 증명하다

It's easy to focus on what you think you're doing wrong, but take a step back and recognize how much you are doing right. Your love, patience, and effort make a difference every single day. You are enough.

부모로서 잘못하고 있다고 생각하는 부분에 집중하기 쉽습니다. 하지만 한발 물러서서, 당신이 얼마나 많은 것을 잘하고 있는지를 돌아보세요. 당신의 사랑과 인내, 노력은 매일 아이에게 큰 영향을 주고 있습니다. 당신은 충분히 훌륭한 부모입니다.

_____

_____

_____

_____

_____

_____

_____

_____

_____

_____

_____

Raising a child is like growing a garden. It takes patience, love, and daily care.

아이를 키우는 것은 정원을 가꾸는 것과 같습니다. 인내와 사랑, 그리고 매일의 보살핌이 필요합니다.

Vocabulary

garden [가든]	cultivate a thriving garden
n. 정원	잘 가꾸어진 정원을 조성하다
patience [페이션스]	have patience in growth
n. 인내	성장 과정에서 인내심을 가지다
nurture [너쳐]	nurture with love
v. 양육하다, 기르다	사랑으로 키우다
constant [컨스턴트]	provide constant care
a. 지속적인, 끊임없는	지속적인 보살핌을 제공하다
flourish [플러리쉬]	flourish with support
v. 번영하다, 성장하다	지지 속에서 성장하다
intellectually [인텔렉츄얼리]	develop intellectually over time
ad. 지적으로	시간이 지나며 지적으로 성장하다
kindness [카인드니스]	spread kindness
n. 친절, 따뜻함	친절을 퍼뜨리다

Just like a garden, raising a child requires patience, nurturing, and constant care. With daily attention and love, children flourish emotionally and intellectually. When we tend to them with kindness, they grow into their best selves.

아이를 키우는 것은 정원 가꾸기처럼 꾸준한 인내, 보살핌, 그리고 지속적인 관심이 필요합니다. 매일 사랑과 관심을 기울일 때, 아이들은 정서적, 지적으로 풍성하게 성장합니다. 다정하게 돌봐주면, 아이들은 자신의 최고의 모습으로 자라납니다.

46. DATE. 20 . . .

There is no such thing as a perfect parent. So just be a real one.

완벽한 부모는 존재하지 않습니다. 그러니 현실적인 부모가 되세요.

Vocabulary

perfect [퍼펙트]	perfect condition
a. 완벽한	완벽한 조건
real [리얼]	real experience
a. 진짜의, 실제의	실제 경험
authentic [어센틱]	authentic connection
a. 진실된, 솔직한	진실된 관계
expectation [익스펙테이션]	exceed expectations
n. 기대, 예상	기대를 뛰어넘다
embrace [임브레이스]	embrace mistakes
v. 받아들이다, 포용하다	실수를 받아들이다
self-compassion [셀프-컴패션]	practice self-compassion
n. 자기 연민, 자기 자비	자기 연민을 실천하다
meaningful [미닝풀]	find meaningful work
a. 의미 있는	의미 있는 일을 찾다

There is no such thing as a perfect parent, only a real and authentic one. Letting go of impossible expectations and embracing mistakes allows for true growth. Effort and self-compassion make the parenting journey meaningful, not perfection.

완벽한 부모란 것은 없으며, 오직 현실에 존재하는 부모만이 있습니다. 비현실적인 기대를 내려놓고, 실수를 받아들이는 것이 진정한 성장으로 이어집니다. 완벽함이 아니라, 노력과 자기 이해가 양육을 의미 있게 만듭니다.

47. DATE. 20 . . .

You are the parent your child needs.

당신은 아이에게 꼭 필요한 부모입니다.

Vocabulary

parent [페어런트]	responsible parent
n. 부모	책임감 있는 부모
guidance [가이던스]	provide gentle guidance
n. 지도, 안내	부드러운 지도를 제공하다
presence [프레즌스]	value your presence
n. 존재, 함께함	당신의 존재를 소중히 여기다
perfection [퍼펙션]	chase perfection
n. 완벽함	완벽을 쫓다
trust [트러스트]	earn trust
v. 신뢰하다, 믿다	신뢰를 얻다
exactly [이그잭틀리]	know exactly why
ad. 정확히, 틀림없이	정확히 이유를 알다
need [니드]	need support
v. 필요로 하다	지원이 필요하다

No one else can be a better parent to your child than you. They need your love, your guidance, and your presence—not perfection. Trust that who you are is exactly what they need.

아이에게는 그 누구도 당신보다 더 나은 부모가 될 수 없습니다. 아이에게 필요한 것은 당신의 사랑, 지도, 그리고 함께하는 시간이지, 완벽함이 아닙니다. 지금의 당신이 아이에게 꼭 필요한 부모라는 것을 믿으세요.

_____

_____

_____

_____

_____

_____

_____

_____

_____

_____

48. DATE. 20 . . .

It's okay if today wasn't perfect—tomorrow is a new opportunity.

오늘이 완벽하지 않아도 괜찮습니다. 내일은 새로운 기회입니다.

Vocabulary

perfect [퍼펙트]	a perfect character
a. 완벽한	완벽한 성격
define [디파인]	define personal values
v. 정의하다, 규정하다	개인적 가치를 정의하다
messy [메시]	messy situation
a. 엉망인, 혼란스러운	혼란스러운 상황
overwhelming [오버웰밍]	overwhelming emotions
a. 벅찬, 감당하기 힘든	벅찬 감정
grace [그레이스]	show grace
n. 자비, 관용	자비를 베풀다
opportunity [오퍼튜니티]	seize an opportunity
n. 기회	기회를 잡다
grow [그로우]	grow with experience
v. 성장하다, 자라다	경험을 통해 성장하다

Parenting is full of ups and downs, and no single day defines your journey. If today felt messy or overwhelming, give yourself grace. Tomorrow is a new day, full of fresh opportunities to love and grow.

양육은 기복이 있는 과정이며, 단 하루가 부모로서의 모든 것을 결정짓지는 않습니다. 오늘이 실수로 가득했거나 벅찼다면, 스스로를 다독여 주세요. 내일은 사랑과 성장의 새로운 기회로 가득한 하루가 될 것입니다.

49. DATE. 20 . . .

Your presence is more valuable than your productivity.

당신이 함께하는 것이, 무엇을 해내는 것보다 더 가치 있습니다.

_____

_____

_____

_____

Vocabulary

presence [프레즌스]	value parental presence
n. 존재, 함께함	부모의 존재를 소중히 여기다
valuable [밸류어블]	more valuable than tasks
a. 소중한, 가치 있는	일보다 더 가치 있는
productivity [프로덕티비티]	measure productivity by tasks
n. 생산성	작업량으로 생산성을 측정하다
laundry [런드리]	finish the laundry
n. 세탁물, 빨래	빨래를 마치다
task [태스크]	complete daily tasks
n. 과제, 할 일	일상적인 할 일을 완료하다
moment [모먼트]	share meaningful moments
n. 순간, 찰나	의미 있는 순간을 나누다
matter [매터]	small things matter
v. 중요하다	작은 일도 중요하다

Your child won't remember how much laundry you finished or how many tasks you completed—but they will remember the moments you spent with them. Being present, even in small ways, is what truly matters.

아이들은 당신이 빨래를 얼마나 많이 했는지, 얼마나 많은 집안일을 끝냈는지를 기억하지 않습니다. 하지만 당신이 함께했던 순간들은 영원히 기억할 것입니다. 작은 순간이라도 함께하는 것이 가장 중요한 일입니다.

---

50. DATE. 20 . . .

Your child sees you as their safe place.
아이에게 당신은 안전한 피난처입니다.

_____

_____

_____

_____

Vocabulary

safe [세이프]	be a safe place
a. 안전한	안전한 공간이 되다
comfort [컴포트]	offer emotional comfort
n. 위로, 안락함	정서적인 위안을 제공하다
safety [세이프티]	ensure child's safety
n. 안전	아이의 안전을 보장하다
struggle [스트러글]	struggle with parenting
v. 힘들어하다, 고군분투하다	양육에 어려움을 겪다
secure [시큐어]	feel emotionally secure
a. 안정감을 느끼는	정서적으로 안정감을 느끼다
presence [프레즌스]	find peace in presence
n. 존재, 함께함	존재 속에서 평안을 찾다
emotional [이모셔널]	emotional home
a. 정서적인	정서적 안식처

No matter how hard your day was, your child still looks to you for love, comfort, and safety. Even when you feel like you're struggling, they feel secure in your presence. You are their emotional home.

오늘 당신의 하루가 아무리 힘들었을지라도, 아이는 여전히 당신에 게서 사랑과 위로, 그리고 안전함을 찾을 것입니다. 당신이 잘 못해 내고 있다고 느낄 때도, 아이는 당신의 존재 속에서 안정감을 느낍 니다. 당신은 아이의 감정적인 안식처입니다.

CHAPTER. 3

부모의 역할

The Role of Parents

51. DATE. 20 . . .

A secure attachment in childhood builds lifelong emotional stability.

안정적인 애착은 평생 지속되는 정서적 안정을 형성합니다.

Vocabulary

attachment [어태치먼트]	develop strong attachment
n. 애착, 결합	강한 애착을 형성하다
emotional [이모셔널]	emotional stability
a. 정서적인	정서적 안정
regulation [레귤레이션]	strict regulations
n. 조절, 규제	엄격한 규제
social [소셜]	social interaction
a. 사회적인	사회적 교류
consistency [컨시스턴시]	maintain consistency
n. 일관성	일관성을 유지하다
warmth [웜스]	offer warmth and support
n. 따뜻함	따뜻함과 지지를 제공하다
reliability [릴라이어빌리티]	ensure reliability
n. 신뢰성	신뢰성을 보장하다

According to John Bowlby's Attachment Theory, children who form secure attachments with their caregivers develop better emotional regulation and social relationships throughout life. Responding to your child's needs with consistency, warmth, and reliability fosters a strong emotional foundation.

존 볼비(John Bowlby)의 애착 이론에 따르면, 부모와 안정적인 애착을 형성한 아이들은 평생 동안 더 나은 감정 조절 능력과 사회적 관계를 터득합니다. 일관성 있고 따뜻하며 신뢰할 수 있는 방식으로 아이의 요구에 반응하는 것이 강한 정서적 기반을 만드는 핵심입니다.

52. DATE. 20 . . .

Children learn by watching you. Be the role model they need.

아이들은 부모를 보며 배웁니다. 아이들에게 필요한 역할 모델이 되어 주세요.

Vocabulary

observe [옵저브]	observe a pattern
v. 관찰하다	패턴을 관찰하다
imitate [이미테이트]	imitate a role model
v. 모방하다	롤 모델을 모방하다
behavior [비헤이비어]	influence behavior
n. 행동	행동에 영향을 미치다
respect [리스펙트]	gain respect
n. 존중	존중을 얻다
regulation [레귤레이션]	follow regulations
n. 규정, 규제	규정을 따르다
interaction [인터랙션]	encourage social interaction
n. 상호작용	사회적 상호작용을 장려하다
skill [스킬]	develop problem-solving skills
n. 기술, 능력	문제 해결 능력을 키우다

Albert Bandura's Social Learning Theory states that children learn behaviors by observing and imitating those around them, especially their caregivers. When you model kindness, respect, and emotional regulation in your daily interactions, you teach your child valuable life skills.

앨버트 반두라(Albert Bandura)의 사회적 학습 이론에 따르면, 아이들은 주변 사람들, 특히 양육자를 관찰하고 모방하며 행동을 학습합니다. 당신이 일상적인 상호작용 속에서 친절함, 존중, 그리고 감정 조절을 모범적으로 보여줄 때, 당신은 자녀에게 소중한 삶의 기술을 가르치게 됩니다.

53. DATE. 20 . . .

Discipline should teach, not punish.

훈육은 처벌이 아니라 가르치는 과정이어야 합니다.

Vocabulary

discipline [디서플린]	maintain discipline
n. 훈육, 규율	규율을 유지하다
punish [퍼니쉬]	punish bad behavior
v. 처벌하다	나쁜 행동을 처벌하다
authoritative [어쏘러테이티브]	authoritative leadership
a. 권위적인	권위적인 리더십
firm [펌]	take a firm stance
a. 단호한, 확고한	확고한 입장을 취하다
supportive [서포티브]	supportive mentor
a. 지지하는, 도와주는	지지해 주는 멘토
self-regulation [셀프 레귤레이션]	improve self-regulation
n. 자기 조절	자기 조절 능력을 향상시키다
responsibility [리스펀서빌리티]	encourage responsibility in children
n. 책임감	아이들에게 책임감을 길러주다

According to Diana Baumrind's Parenting Styles Theory, authoritative parenting—where discipline is firm yet warm and supportive—leads to the best outcomes for children. Discipline should focus on teaching self-regulation and responsibility rather than instilling fear.

다이애나 바움린드(Diana Baumrind)의 양육 유형 이론에 따르면, 단호하지만 따뜻하고 지지적인 권위적 양육 방식이 아이들에게 가장 긍정적인 영향을 미칩니다. 훈육은 두려움을 심어주기보다는 자기 조절과 책임감을 가르치는 과정이 되어야 합니다.

_____

_____

_____

_____

_____

_____

_____

_____

_____

_____

54. DATE. 20 . . .

Children thrive in a structured yet flexible environment.

아이들은 구조화된 동시에 유연한 환경에서 성장합니다.

Vocabulary

thrive [스라이브]	thrive in challenges
v. 번창하다, 잘 자라다	도전 속에서 번창하다
structured [스트럭처드]	structured environment
a. 구조화된	구조화된 환경
flexible [플렉서블]	maintain a flexible mindset
a. 유연한	유연한 사고방식을 유지하다
predictable [프레딕터블]	predictable pattern
a. 예측 가능한	예측 가능한 패턴
independence [인디펜던스]	encourage independence
n. 독립성	독립성을 장려하다
adaptability [어댑터빌리티]	show adaptability
n. 적응력	적응력을 보이다
problem-solving [프라블럼 솔빙]	problem-solving ability
문제 해결(의)	문제 해결 능력

Research in developmental psychology shows that children thrive when they have a predictable routine as well as opportunities for independence. A structured yet flexible environment fosters security, adaptability, and problem-solving skills.

발달 심리학 연구에 따르면, 예측 가능한 일과 속에서 자율성을 가질 기회가 있는 아이들이 가장 건강하게 성장합니다. 구조적이면서도 유연한 환경은 아이들에게 안정감을 주고, 적응력과 문제 해결 능력을 키워줍니다.

55. DATE. 20 . . .

Children develop self-esteem through love and encouragement.

아이들은 사랑과 격려를 통해 자존감을 형성합니다.

_____

_____

_____

_____

Vocabulary

develop [디벨롭]	develop critical thinking
v. 발달시키다, 형성하다	비판적 사고를 발달시키다
self-esteem [셀프 이스팀]	boost self-esteem
n. 자존감	자존감을 높이다
encouragement [인커리지먼트]	offer encouragement
n. 격려	격려를 제공하다
validate [밸리데이트]	validate an idea
v. 인정하다, 입증하다	아이디어를 입증하다
recognize [레커그나이즈]	recognize achievements
v. 알아보다, 인정하다	성과를 인정하다
confidence [컨피던스]	gain confidence
n. 자신감	자신감을 얻다
resilience [리질리언스]	demonstrate resilience
n. 회복력, 강인함	회복력을 발휘하다

According to Erik Erikson's Psychosocial Development Theory, children in the early stages need love and encouragement to develop self-esteem. When parents validate their child's feelings and recognize their efforts, they build confidence and resilience.

에릭 에릭슨(Erik Erikson)의 심리 사회적 발달 이론에 따르면, 어린 시절 부모의 사랑과 격려는 자존감 형성에 필수적입니다. 부모가 아이의 감정을 인정하고 노력을 존중할 때, 아이는 자신감과 회복력을 갖게 됩니다.

_____

_____

_____

_____

_____

_____

_____

_____

_____

_____

56. DATE. 20 . . .

Children need boundaries to feel safe and secure.
아이들은 안전함을 느끼기 위해 경계가 필요합니다.

Vocabulary

boundary [바운더리]	set clear boundaries
n. 경계, 한계	명확한 경계를 설정하다
secure [시큐어]	feel emotionally secure
a. 안전한, 안정적인	정서적으로 안전함을 느끼다
psychology [사이컬러지]	studies in child psychology
n. 심리학	아동 심리학 연구
self-discipline [셀프 디서플린]	develop self-discipline gradually
n. 자기 규율, 자제력	점진적으로 자기 규율을 기르다
consistent [컨시스턴트]	set consistent expectations
a. 일관된	일관된 기대치를 설정하다
responsibility [리스펀서빌리티]	foster responsibility through rules
n. 책임감	규칙을 통해 책임감을 기르다
trust [트러스트]	build trust through structure
n. 신뢰	구조적인 환경 속에서 신뢰를 형성하다

Studies in child psychology show that well-defined boundaries help children feel safe and develop self-discipline. Setting consistent yet flexible rules fosters responsibility and trust while providing a sense of security.

아동 심리학 연구에 따르면, 명확한 경계는 아이들이 안정감을 느끼고 자기 절제 능력을 키우는 데에 도움이 됩니다. 일관되지만 유연한 규칙을 설정하면, 아이가 안정감을 느끼면서 책임감을 배우고 신뢰감을 형성할 수 있습니다.

57. DATE. 20 . . .

Emotional intelligence is just as important as academic success.

정서 지능은 학업 성취만큼이나 중요합니다.

Vocabulary

emotional [이모셔널]	express emotional needs
a. 정서적인, 감정의	정서적 욕구를 표현하다
intelligence [인텔리전스]	develop social intelligence
n. 지능	사회적 지능을 기르다
academic [아카데믹]	achieve academic success
a. 학업의, 교육의	학업적 성공을 이루다
highlight [하이라이트]	highlight the importance
v. 강조하다, 부각하다	중요성을 강조하다
express [익스프레스]	express emotions clearly
v. 표현하다	감정을 명확히 표현하다
resilience [리질리언스]	emotional resilience
n. 회복력	정서적 회복력
promote [프로모트]	promote social success
v. 촉진하다	사회적 성공을 촉진하다

Daniel Goleman's Emotional Intelligence Theory highlights that children with high emotional intelligence perform better in relationships and handle stress more effectively. Teaching children to recognize and express emotions strengthens their resilience and promotes social success.

다니엘 골먼(Daniel Goleman)의 정서 지능 이론에 따르면, 정서 지능이 높은 아이들은 대인관계에서 더 성공하고 스트레스를 효과적으로 관리합니다. 아이가 자신의 감정을 인식하고 표현하는 법을 배우면, 회복력과 사회적 능력이 향상됩니다.

_____

_____

_____

_____

_____

_____

_____

_____

_____

58. DATE. 20 . . .

Play is the foundation of learning and creativity.
놀이가 학습과 창의력의 기초입니다.

Vocabulary

foundation [파운데이션]	build a strong foundation
n. 기반, 토대	튼튼한 기반을 세우다
creativity [크리에이티비티]	foster creativity through play
n. 창의성	놀이를 통해 창의성을 기르다
cognitive [코그니티브]	cognitive development theory
a. 인지의	인지 발달 이론
intellectual [인텔렉추얼]	stimulate intellectual growth
a. 지적인	지적 성장을 자극하다
problem-solving [프라블럼 솔빙]	enhance problem-solving skills
문제 해결(의)	문제 해결 능력을 향상시키다
unstructured [언스트럭처드]	encourage unstructured play
a. 비구조적인	비구조적인 놀이를 장려하다
flexibility [플렉서빌리티]	develop cognitive flexibility
n. 유연성	인지적 유연성을 기르다

Jean Piaget's Cognitive Development Theory emphasizes that play is essential for intellectual growth and the development of problem-solving skills. Unstructured play fosters creativity, social skills, and cognitive flexibility in children.

장 피아제(Jean Piaget)의 인지 발달 이론에 따르면, 놀이가 지적 성장과 문제 해결 능력 발달에 필수적입니다. 자유로운 놀이를 통해 창의력과 사회적 기술, 그리고 인지적 유연성이 향상됩니다.

59. DATE. 20 . . .

A strong parent-child bond builds resilience and emotional well-being.

강한 부모-자녀 유대는 회복력과 정서적 건강을 키웁니다.

Vocabulary

bond [본드]	strengthen the parent-child bond
n. 유대, 연결	부모-자녀 유대를 강화하다
resilience [리질리언스]	build emotional resilience
n. 회복력, 탄력성	정서적 회복력을 기르다
emotional [이모셔널]	foster emotional well-being
a. 정서적인, 감정의	정서적 건강을 증진하다
attachment [어태치먼트]	secure attachment
n. 애착, 유대	안정적인 애착
regulation [레귤레이션]	develop emotional regulation
n. 조절, 관리	정서적 조절 능력을 키우다
secure [시큐어]	feel secure in relationships
a. 안정적인, 확실한	안정적인 관계를 느끼다
adulthood [어덜트후드]	enter adulthood
n. 성인기, 성숙기	성인기로 접어들다

According to John Bowlby's Attachment Theory, a strong emotional bond between parent and child provides a foundation for emotional regulation and resilience. Securely attached children manage stress better and develop healthier relationships in adulthood.

존 볼비(John Bowlby)의 애착 이론에 따르면, 부모와 아이 사이의 강한 정서적 유대는 정서 조절과 회복력의 기초를 제공합니다. 안정적인 애착을 형성한 아이들은 스트레스를 더 잘 관리하며, 성인이 되어 건강한 관계를 맺을 가능성이 높습니다.

_____

_____

_____

_____

_____

_____

_____

_____

_____

60. DATE. 20 . . .

Quality time matters more than quantity.

시간의 길이보다, 함께하는 시간이 얼마나 충실한 지가 중요합니다.

Vocabulary

quality [퀄리티]	focus on quality time
n. 질, 수준	충실한 시간을 우선하다
quantity [퀀티티]	measure quantity
n. 양, 수량	양을 측정하다
interaction [인터랙션]	meaningful interactions
n. 상호작용	의미 있는 상호작용
sheer [쉬어]	sheer determination
a. 순전한, 단순한	순전한 결의
engage [인게이지]	engage in discussion
v. 참여하다, 몰입하다	토론에 참여하다
connection [커넥션]	strengthen emotional connection
n. 연결, 유대감	정서적 유대감을 강화하다
shared [셰어드]	participate in shared experiences
a. 공유된, 함께하는	함께하는 경험에 참여하다

Studies in child development show that the quality of interactions between parent and child is more important than the sheer amount of time spent together. Engaging in meaningful conversations and shared activities strengthens emotional connection.

아동 발달 연구에 따르면, 부모와 아이가 함께하는 시간의 길이보다, 그 시간 동안 어떤 상호작용을 하는지가 더 중요합니다. 의미 있는 대화와 함께하는 활동은 정서적 유대를 더욱 깊게 만들어 줍니다.

---

61. DATE. 20 . . .

Praise effort, not just results.

결과가 아니라 노력을 칭찬하세요.

Vocabulary

praise [프레이즈]	praise hard work
v. 칭찬하다	열심히 한 것을 칭찬하다
effort [에포트]	recognize consistent effort
n. 노력	지속적인 노력을 인정하다
result [리절트]	achieve positive results
n. 결과	긍정적인 결과를 이루다
achievement [어치브먼트]	celebrate an achievement
n. 성취, 업적	성취를 축하하다
perseverance [퍼서비어런스]	show perseverance
n. 끈기, 인내	끈기를 보이다
confidence [컨피던스]	gain confidence over time
n. 자신감	시간이 지나면서 자신감을 얻다
motivation [모티베이션]	increase personal motivation
n. 동기부여	개인의 동기부여를 높이다

According to Carol Dweck's research on Growth Mindset, children who are praised for their effort rather than just their achievements develop a love for learning and perseverance. Recognizing effort helps build confidence and motivation.

캐롤 드웩(Carol Dweck)의 성장 사고방식에 대한 연구에 따르면, 성과보다는 노력을 칭찬받은 아이들이 배움에 대한 열정과 끈기를 기르게 됩니다. 노력을 인정해 주는 것은 아이의 자신감과 동기를 키우는 중요한 요소입니다.

62. DATE. 20 . . .

Teaching emotional regulation helps children handle stress effectively.

감정 조절을 가르치는 것은 아이가 스트레스를 효과적으로 관리하도록 도와줍니다.

Vocabulary

emotional [이모셔널]	teach emotional regulation
a. 정서적인	정서 조절을 가르치다
regulation [레귤레이션]	emotional regulation techniques
n. 조절, 관리	감정 조절 기술
effectively [이펙티브리]	handle stress effectively
ad. 효과적으로	스트레스를 효과적으로 다루다
psychology [사이콜로지]	child psychology research
n. 심리학	아동 심리학 연구
anxiety [앵자이어티]	reduce anxiety levels
n. 불안	불안 수준을 줄이다
express [익스프레스]	express difficult emotions
v. 표현하다	복잡한 감정을 표현하다
resilience [리질리언스]	strengthen emotional resilience
n. 회복력	정서적 회복력을 강화하다

Research in child psychology indicates that children who learn emotional regulation techniques have better problem-solving skills and experience lower levels of anxiety. Teaching children to recognize and express their feelings strengthens resilience.

아동 심리학 연구에 따르면, 감정 조절 기술을 배운 아이들은 문제 해결 능력이 뛰어나며 불안을 덜 경험합니다. 아이들이 자신의 감정을 인식하고 표현하는 법을 배우면, 회복력 또한 강화됩니다.

63. DATE. 20 . . .

Children thrive when they feel heard and valued.

아이들은 자신의 이야기가 존중받고 가치를 인정받는다고 느낄 때 성
장합니다.

Vocabulary

thrive [스라이브]	children thrive emotionally
v. 번영하다, 잘 자라다	아이들이 정서적으로 번영하다
valued [밸류드]	feel valued by adults
a. 존중받는, 소중하게 여겨지는	어른에게 존중받는다고 느끼다
psychology [사이콜로지]	child psychology studies
n. 심리학	아동 심리학 연구
esteem [에스팀]	develop high self-esteem
n. 존중, 자존감	높은 자존감을 형성하다
communication [커뮤니케이션]	improve communication skills
n. 의사소통	의사소통 능력을 향상시키다
dialogue [다이얼로그]	encourage open dialogue
n. 대화, 대화법	열린 대화를 장려하다
security [시큐리티]	provide emotional security
n. 안정감, 안전	정서적 안정감을 제공하다

Studies in child psychology show that when children feel heard and respected, they develop higher self-esteem and stronger communication skills. Engaging in active listening and open dialogue fosters trust and emotional security.

아동 심리학 연구에 따르면, 아이들은 자신의 의견이 존중받는다고 느낄 때 자존감이 높아지고 소통 능력이 향상됩니다. 적극적으로 경청하고 열린 대화를 나누는 것이 신뢰와 정서적 안정감을 키우는 데 도움이 됩니다.

_____

_____

_____

_____

_____

_____

_____

_____

_____

_____

Routine provides children with a sense of stability and security.

규칙적인 일과는 아이에게 안정감과 안전한 느낌을 제공합니다.

Vocabulary

routine [루틴]	establish a daily routine
n. 일과, 규칙적인 습관	규칙적인 일과를 확립하다
stability [스태빌리티]	promote stability
n. 안정감	안정감을 높이다
security [시큐리티]	create a sense of security
n. 안전, 보호	안전한 느낌을 형성하다
structured [스트럭처드]	structured learning
a. 체계적인, 구조화된	체계적인 학습
self-discipline [셀프 디서플린]	practice self-discipline daily
n. 자기 규율, 자제력	매일 자기 규율을 실천하다
predictable [프리딕터블]	predictable outcomes
a. 예측 가능한	예측 가능한 결과
anxiety [앵자이어티]	cope with anxiety
n. 불안, 걱정	불안에 대처하다

Research in developmental psychology indicates that structured routines help children feel secure and develop self-discipline. Predictable schedules reduce anxiety and promote a sense of stability.

발달 심리학 연구에 따르면, 구조화된 일과는 아이들이 안정감을 느끼고 자기 규율을 기르는 데 도움을 줍니다. 예측 가능한 일정이 불안을 줄이고 정서적 안정을 도모하는 데 중요한 역할을 합니다.

Emotional validation helps children develop self-worth.

아이의 감정을 인정하는 것은 자존감을 키우는 데 도움이 됩니다.

Vocabulary

validation [밸리데이션]	seek validation
n. 인정, 확인	인정을 구하다
develop [디벨럽]	develop new skills
v. 발전시키다, 형성하다	새로운 기술을 발전시키다
self-worth [셀프-워스]	improve self-worth
n. 자존감	자존감을 향상시키다
resilience [리질리언스]	demonstrate resilience
n. 회복력, 강인함	회복력을 발휘하다
acknowledge [애크날리지]	acknowledge someone's effort
v. 인정하다, 받아들이다	누군가의 노력을 인정하다
security [시큐리티]	feel a sense of security
n. 안정감, 안전	안정감을 느끼다
relationship [릴레이션십]	build trusting relationships
n. 관계	신뢰하는 관계를 형성하다

Studies in child development suggest that children who feel emotionally validated develop higher self-worth and resilience. Acknowledging their emotions fosters security and trust in relationships.

아동 발달 연구에 따르면, 감정을 인정받은 아이들은 자존감과 회복력이 더 높아지는 경향이 있습니다. 아이의 감정을 인정하는 것은 대인관계에서 안정감과 신뢰를 형성하는 데 도움이 됩니다.

66. DATE. 20 . . .

Children need autonomy to develop decision-making skills.

아이들은 의사 결정 능력을 키우기 위해 자율성이 필요합니다.

_____

_____

_____

_____

Vocabulary

autonomy [어타너미]	support child autonomy
n. 자율성	아이의 자율성을 지지하다
decision-making [디시전 메이킹]	develop decision-making skills
n. 의사결정	의사결정 능력을 기르다
psychosocial [사이코소셜]	psychosocial development theory
a. 심리사회적인	심리사회적 발달 이론
confidence [컨피던스]	build lasting confidence
n. 자신감	지속적인 자신감을 형성하다
responsibility [리스펀서빌리티]	develop a sense of responsibility
n. 책임감	책임감을 기르다
appropriate [어프로프리엇]	make age-appropriate choices
a. 적절한, 알맞은	연령에 맞는 선택을 하다
independently [인디펜던틀리]	solve problems independently
ad. 독립적으로	스스로 문제를 해결하다

Erik Erikson's Psychosocial Development Theory states that autonomy helps children build confidence and responsibility. Allowing children to make age-appropriate choices enhances their ability to solve problems and make decisions independently.

에릭 에릭슨(Erik Erikson)의 심리사회적 발달 이론에 따르면, 자율성은 아이들이 자신감과 책임감을 키우는 데 도움을 줍니다. 연령에 맞는 결정을 내릴 기회를 제공하면, 아이들은 독립적으로 문제를 해결하고 의사 결정을 할 수 있는 능력을 키울 수 있습니다.

67. DATE. 20 . . .

A growth mindset fosters resilience and lifelong learning.

성장 사고방식은 회복력과 평생 학습 능력을 키워줍니다.

Vocabulary

mindset [마인드셋]	develop a positive mindset
n. 사고방식, 태도	긍정적인 사고방식을 기르다
resilience [리질리언스]	foster resilience through challenges
n. 회복력, 강인함	도전을 통해 회복력을 키우다
lifelong [라이프롱]	encourage lifelong learning
a. 평생의	평생 학습을 장려하다
effort [에포트]	value effort over talent
n. 노력	재능보다 노력을 중시하다
perseverance [퍼서비어런스]	teach perseverance in learning
n. 끈기, 인내	학습에서 끈기를 가르치다
motivation [모티베이션]	boost motivation through encouragement
n. 동기	격려를 통해 동기를 고취하다
praise [프레이즈]	praise effort, not just results
v. 칭찬하다	결과보다 노력을 칭찬하다

According to Carol Dweck's Growth Mindset Theory, children who believe abilities can be developed through effort are more resilient and motivated to learn. Encouraging perseverance and praising effort fosters a lifelong love of learning.

캐롤 드웩(Carol Dweck)의 성장 사고방식 이론에 따르면, 능력이 노력으로 개발될 수 있다고 믿는 아이들은 더 회복력이 강하고 학습 동기가 높습니다. 끈기를 격려하고 노력을 칭찬하면 아이들은 배우는 일에 대해 평생 애정을 가지게 됩니다.

68. DATE. 20 　．　．　．

Parental involvement in education boosts academic success.

부모의 교육 참여는 아이의 학업 성취도를 높입니다.

Vocabulary

involvement [인볼브먼트]	parental involvement in education
n. 참여, 개입	교육에 대한 부모의 참여
boost [부스트]	boost academic performance
v. 증진시키다, 향상시키다	학업 성취도를 향상시키다
psychology [사이콜로지]	educational psychology research
n. 심리학	교육 심리학 연구
academically [아카데믹컬리]	succeed academically
ad. 학업적으로	학업적으로 성공하다
motivation [모티베이션]	strengthen student motivation
n. 동기, 의욕	학생의 동기를 강화하다
environment [인바이런먼트]	provide a supportive environment
n. 환경	지지적인 환경을 제공하다
outcome [아웃컴]	enhance learning outcomes
n. 결과, 성과	학습 성과를 향상시키다

Research in educational psychology suggests that children with involved parents perform better academically and develop stronger motivation. Providing a supportive home environment and communicating with teachers enhances learning outcomes.

교육 심리학 연구에 따르면, 부모가 교육에 적극적으로 참여하는 아이들은 학업 성취도가 더 높고 학습 동기가 강합니다. 학습을 지원하는 가정 환경을 조성하고 교사와 협력하는 것이 학업 성과를 높이는 데 도움이 됩니다.

69. DATE. 20 . . .

Children feel secure when parents set consistent rules.

부모가 일관된 규칙을 설정할 때 아이들은 안정감을 느낍니다.

Vocabulary

secure [시큐어] a. 안전한, 안정적인	feel emotionally secure 정서적으로 안정감을 느끼다
consistent [컨시스턴트] a. 일관된, 변함없는	set consistent expectations 일관된 기대치를 설정하다
rule [룰] n. 규칙, 원칙	establish clear rules 명확한 규칙을 설정하다
authoritative [어쏘러테이티브] a. 권위 있는, 균형 잡힌	authoritative parenting 균형 잡힌 양육 방식
warmth [웜스] n. 따뜻함, 온정	express warmth 따뜻함을 표현하다
expectation [익스펙테이션] n. 기대, 기준	maintain clear expectations 명확한 기대치를 유지하다
boundary [바운더리] n. 경계, 한계	set clear boundaries 명확한 경계를 설정하다

Diana Baumrind's Parenting Styles Theory suggests that authoritative parenting, which combines warmth with clear rules, leads to the best child outcomes. Consistent expectations help children feel secure and understand boundaries.

다이애나 바움린드(Diana Baumrind)의 양육 유형 이론에 따르면, 따뜻함과 명확한 규칙을 결합한 권위 있는 양육 방식이 아이들에게 가장 긍정적인 영향을 줍니다. 일관된 기대와 규칙은 아이들에게 안정감을 주고, 경계를 이해하는 데 도움을 줍니다.

---

70. DATE. 20 　 . 　 . 　 . 　 .

Healthy parent-child relationships prevent behavioral problems.

건강한 부모-자녀 관계는 행동 문제를 예방합니다.

Vocabulary

relationship [릴레이션십]	maintain a healthy relationship
n. 관계	건강한 관계를 유지하다
prevent [프리벤트]	prevent potential risks
v. 예방하다, 막다	잠재적 위험을 예방하다
behavioral [비헤이비어럴]	behavioral patterns
a. 행동의, 행동과 관련된	행동 패턴
bond [본드]	form a strong bond
n. 유대, 연결	강한 유대를 형성하다
exhibit [이그지빗]	exhibit positive traits
v. 보이다, 나타내다	긍정적인 특성을 보이다
self-regulation [셀프 레귤레이션]	develop self-regulation
n. 자기 조절, 자기 통제	자기 조절 능력을 개발하다
stability [스태빌리티]	ensure financial stability
n. 안정성	재정적 안정을 보장하다

Studies in child psychology show that children with strong emotional bonds to their parents exhibit fewer behavioral problems. Positive relationships encourage self-regulation and emotional stability.

아동 심리학 연구에 따르면, 부모와 강한 정서적 유대를 형성한 아이들은 행동 문제가 적은 경향이 있습니다. 긍정적인 관계는 자기 조절 능력을 키우고, 정서적 안정을 촉진합니다.

71. DATE. 20 . . .

Teaching kindness builds emotional intelligence.

친절을 가르치는 것은 정서 지능을 키우는 데 도움이 됩니다.

Vocabulary

kindness [카인드니스]	practice daily kindness
n. 친절	매일 친절을 실천하다
emotional [이모셔널]	build emotional intelligence
a. 정서적인	정서 지능을 기르다
intelligence [인텔리전스]	develop social intelligence
n. 지능	사회적 지능을 발전시키다
emphasize [엠퍼사이즈]	emphasize emotional growth
v. 강조하다	정서적 성장을 강조하다
empathy [엠퍼시]	teach empathy to children
n. 공감	아이들에게 공감을 가르치다
relationship [릴레이션십]	enhance positive relationships
n. 관계	긍정적인 관계를 증진하다
resilience [리질리언스]	build emotional resilience
n. 회복력	정서적 회복력을 기르다

Daniel Goleman's Emotional Intelligence Theory emphasizes that children who learn kindness and empathy develop stronger emotional intelligence. Practicing kindness enhances relationships and emotional resilience.

다니엘 골먼(Daniel Goleman)의 정서 지능 이론에 따르면, 친절과 공감을 배운 아이들은 더 높은 정서 지능을 갖게 됩니다. 친절을 실천하는 것은 대인관계를 향상시키고, 정서적 회복력을 키워줍니다.

---

72. DATE. 20 . . .

Children need love and limits to feel safe and confident.

아이들은 사랑과 함께 분명한 경계를 가질 때 안전함과 자신감을 느낍니다.

Vocabulary

limit [리밋]	reinforce clear limits
n. 한계, 제한	명확한 한계를 강화하다
confident [컨피던트]	feel confident in decisions
a. 자신감 있는	결정에 자신감을 가지다
thrive [스라이브]	thrive under challenges
v. 번창하다, 잘 성장하다	도전 속에서 성장하다
warmth [웜스]	provide warmth and care
n. 따뜻함, 온정	따뜻함과 보살핌을 제공하다
boundary [바운더리]	establish firm boundaries
n. 경계, 한계	확고한 경계를 설정하다
guidance [가이던스]	seek guidance
n. 지도, 안내	안내를 구하다
self-discipline [셀프 디서플린]	foster self-discipline in children
n. 자기 규율, 자제력	아이들의 자기 규율을 키우다

According to Diana Baumrind's Parenting Styles Theory, children thrive when parents provide both warmth and firm boundaries. Loving guidance helps children feel secure while learning responsibility and self-discipline.

다이애나 바움린드(Diana Baumrind)의 양육 유형 이론에 따르면, 부모가 따뜻함과 명확한 경계를 함께 제공할 때 아이들은 가장 건강하게 성장합니다. 사랑이 담긴 지도가 아이들에게 안정감을 주며, 책임감과 자기 규율을 배우도록 돕습니다.

Curiosity is the foundation of lifelong learning.

호기심은 평생 학습의 기초입니다.

_____

_____

_____

_____

Vocabulary

curiosity [큐리어시티] n. 호기심	encourage natural curiosity 자연스러운 호기심을 장려하다
foundation [파운데이션] n. 기초, 기반	build a strong foundation 튼튼한 기반을 만들다
cognitive [코그너티브] a. 인지의, 사고의	cognitive skills development 인지 능력 발달
exploration [엑스플러레이션] n. 탐구, 조사	scientific exploration 과학적 탐구
investigate [인베스티게이트] v. 조사하다, 탐색하다	investigate a problem 문제를 조사하다
creativity [크리에이티비티] n. 창의력	unleash creativity 창의력을 발휘하다
independent [인디펜던트] a. 독립적인	develop independent thinking 독립적인 사고력을 기르다

Jean Piaget's Cognitive Development Theory states that children learn best through active exploration and curiosity. Encouraging children to ask questions and investigate their surroundings fosters creativity and independent thinking.

장 피아제(Jean Piaget)의 인지 발달 이론에 따르면, 아이들은 적극적인 탐구와 호기심을 통해 가장 효과적으로 학습합니다. 아이들이 질문하고 주변을 탐색하도록 장려하면 창의력과 독립적인 사고 능력이 강화됩니다.

_____

_____

_____

_____

_____

_____

_____

_____

_____

_____

74. DATE. 20 . . .

Teaching gratitude fosters happiness and resilience.

감사를 가르치는 것은 행복과 회복력을 키웁니다.

Vocabulary

gratitude [그래티튜드]	practice daily gratitude
n. 감사	매일 감사를 실천하다
foster [포스터]	foster emotional growth
v. 기르다, 촉진하다	정서적 성장을 촉진하다
resilience [리질리언스]	build emotional resilience
n. 회복력	정서적 회복력을 기르다
psychology [사이칼러지]	positive psychology research
n. 심리학	긍정 심리학 연구
well-being [웰-빙]	enhance emotional well-being
n. 안녕, 복지	정서적 안녕을 증진하다
appreciate [어프리시에이트]	appreciate what they have
v. 감사하다, 진가를 알아보다	그들이 가진 것이 감사하다
outlook [아웃룩]	develop a positive outlook
n. 관점, 시각	긍정적인 관점을 형성하다

Research in positive psychology suggests that practicing gratitude increases overall happiness and emotional well-being. Teaching children to appreciate what they have fosters a positive outlook and emotional resilience.

긍정 심리학 연구에 따르면, 감사를 실천하는 것은 전반적인 행복과 정서적 안녕을 향상시킵니다. 아이들에게 가진 것에 감사하는 태도를 가르치면 긍정적인 사고방식과 정서적 회복력을 키워줄 수 있습니다.

_____

_____

_____

_____

_____

_____

_____

_____

_____

_____

75. DATE. 20 . . .

Teaching children to express emotions prevents frustration.

아이들이 감정을 표현하도록 가르치는 것은 좌절을 예방합니다.

Vocabulary

express [익스프레스] v. 표현하다	express gratitude 감사를 표현하다
emotion [이모션] n. 감정, 정서	control emotions 감정을 조절하다
prevent [프리벤트] v. 예방하다, 방지하다	prevent emotional distress 감정적 고통을 예방하다
frustration [프러스트레이션] n. 좌절, 답답함	handle frustration 좌절을 다루다
manage [매니지] v. 관리하다, 조절하다	manage time effectively 시간을 효과적으로 관리하다
social [소셜] a. 사회적인	improve social relationships 사회적 관계를 향상시키다
encourage [인커리지] v. 격려하다, 장려하다	encourage positive thinking 긍정적인 사고를 장려하다

Research in child psychology shows that children who can express their emotions are less likely to act out in frustration. Encouraging emotional expression helps them manage stress and build strong social relationships.

아동 심리학 연구에 따르면, 감정을 표현할 수 있는 아이들은 좌절감으로 인해 부정적인 행동을 보일 가능성이 낮아집니다. 감정 표현을 장려하면 스트레스 관리 능력을 키우고, 건강한 사회적 관계를 형성하는 데 도움이 됩니다.

CHAPTER. 4

아이의 독립

A Child's Independence

76. DATE. 20 . . .

Independence starts with small responsibilities.
독립심은 작은 책임에서 시작됩니다.

Vocabulary

independence [인디펜던스]	gain independence
n. 독립, 자립	독립을 얻다
responsibility [리스펀서빌리티]	assign small responsibilities
n. 책임, 의무	작은 책임을 맡기다
confidence [컨피던스]	speak with confidence
n. 자신감	자신감 있게 말하다
handle [핸들]	handle stress effectively
v. 다루다, 처리하다	스트레스를 효과적으로 다루다
task [태스크]	give age-appropriate tasks
n. 과업, 임무	연령에 맞는 과업을 부여하다
self-discipline [셀프 디서플린]	practice self-discipline
n. 자기 규율, 자제력	자기 규율을 실천하다
decision-making [디시전-메이킹]	improve decision-making skills
n. 의사 결정	의사 결정 능력을 향상시키다

According to Erik Erikson's Psychosocial Development Theory, assigning small responsibilities to children builds confidence and independence. Giving children the chance to handle daily tasks fosters self-discipline and decision-making skills.

에릭 에릭슨(Erik Erikson)의 심리사회적 발달 이론에 따르면, 아이들에게 작은 책임을 맡기는 것이 자신감과 독립심을 키우는 데 도움이 됩니다. 일상적인 과업을 맡게 하면 자기 규율과 의사 결정 능력이 길러집니다.

_____

_____

_____

_____

_____

_____

_____

_____

_____

_____

77. DATE. 20 . . .

Letting go is part of helping children grow.
자녀를 놓아주는 것은 그들이 성장하도록 돕는 과정의 일부입니다.

Vocabulary

let go [렛 고우] v. 놓아주다	let go with trust 신뢰를 가지고 놓아주다
independence [인디펜던스] n. 자율성, 독립	encourage independence 자율성을 장려하다
confidence [컨피던스] n. 자신감	build confidence gradually 자신감을 점차 키우다
competence [컴피턴스] n. 역량, 능력	develop personal competence 개인 역량을 기르다
risk [리스크] n. 위험, 도전	take appropriate risks 적절한 도전을 감수하다
resilience [리질리언스] n. 회복력	build emotional resilience 정서적 회복력을 키우다
problem-solving [프라블럼 솔빙] 문제 해결(의)	strengthen problem-solving skills 문제 해결 능력을 강화하다

Maria Montessori's Educational Philosophy emphasizes that children need independence to build confidence and competence. Allowing them to take risks and make mistakes fosters resilience and problem-solving skills.

마리아 몬테소리(Maria Montessori)의 교육 철학에 따르면, 아이들은 독립적인 경험을 통해 자신감과 역량을 키웁니다. 부모가 아이들에게 도전과 실수의 기회를 주면 회복력과 문제 해결 능력이 발달합니다.

78. DATE. 20 　 . 　 . 　 .

Decision-making skills grow through practice.
의사 결정 능력은 연습을 통해 성장합니다.

_____

_____

_____

_____

Vocabulary

decision-making [디시전-메이킹]	strengthen decision-making skills
n. 의사 결정	의사 결정 능력을 강화하다
logical [로지컬]	develop logical thinking
a. 논리적인	논리적 사고를 발달시키다
hands-on [핸즈-온]	learn through hands-on experiences
a. 직접 해보는, 실습 중심의	실습을 통해 배우다
experience [익스피리언스]	gain real-life experience
n. 경험	실제 삶의 경험을 쌓다
choice [초이스]	allow children to make choices
n. 선택	아이들이 선택하도록 돕다
independence [인디펜던스]	foster independence in decision-making
n. 독립, 자립	의사 결정에서 독립심을 키우다
problem-solving [프라블럼 솔빙]	improve problem-solving abilities
문제 해결(의)	문제 해결 능력을 향상시키다

According to Jean Piaget's Cognitive Development Theory, children develop logical thinking through hands-on experiences and real-life decision-making. Allowing them to make choices fosters independence and problem-solving skills.

장 피아제(Jean Piaget)의 인지 발달 이론에 따르면, 아이들은 직접 경험하고 실생활에서 문제를 해결하는 과정을 통해 논리적 사고를 발달시킵니다. 스스로 선택할 기회를 주면 독립심과 문제 해결 능력이 강화됩니다.

79. DATE. 20 . . .

Failure is a lesson, not a setback.

실패는 좌절이 아니라 하나의 배움입니다.

Vocabulary

failure [페일리어]	view failure as a learning opportunity
n. 실패	실패를 배움의 기회로 여기다
setback [셋백]	overcome setbacks with resilience
n. 좌절, 차질	회복력을 가지고 좌절을 극복하다
opportunity [오퍼튜니티]	turn failure into an opportunity
n. 기회	실패를 기회로 바꾸다
perseverance [퍼서비어런스]	develop perseverance through challenges
n. 끈기, 인내	도전을 통해 끈기를 기르다
problem-solving [프라블럼 솔빙]	strengthen problem-solving skills
문제 해결(의)	문제 해결 능력을 강화하다
resilience [리질리언스]	foster resilience in children
n. 회복력, 강인함	아이들의 회복력을 키우다
confidence [컨피던스]	build confidence through experience
n. 자신감	경험을 통해 자신감을 키우다

Carol Dweck's Growth Mindset Theory emphasizes that children who view failure as a learning opportunity develop perseverance and problem-solving skills. Encouraging resilience helps them approach challenges with confidence.

캐롤 드웩(Carol Dweck)의 성장 사고방식 이론에 따르면, 실패를 배움의 기회로 여기는 아이들은 인내심과 문제 해결 능력을 키울 수 있습니다. 회복력을 길러주면 아이들은 도전을 자신감 있게 받아들일 수 있습니다.

Independence grows when children are allowed to make choices.

아이들의 독립성은 선택을 할 기회가 주어질 때 자라납니다.

Vocabulary

independence [인디펜던스] n. 독립, 자립	foster independence in children 아이들의 독립성을 키우다
choice [초이스] n. 선택	make an informed choice 신중한 선택을 하다
logical [로지컬] a. 논리적인	develop logical thinking 논리적 사고력을 발달시키다
decision-making [디시전-메이킹] n. 의사 결정	develop independent decision-making 독립적인 의사 결정 능력을 개발하다
responsibility [리스펀서빌리티] n. 책임감	take full responsibility 전적인 책임을 지다
self-confidence [셀프 컨피던스] n. 자기 신뢰, 자신감	boost self-confidence 자기 신뢰를 높이다
foster [포스터] v. 기르다, 촉진하다	foster meaningful connections 의미 있는 관계를 형성하다

Jean Piaget's Cognitive Development Theory suggests that allowing children to make their own choices helps develop logical thinking and independence. Encouraging decision-making fosters responsibility and self-confidence.

장 피아제(Jean Piaget)의 인지 발달 이론에 따르면, 아이들에게 선택할 기회를 제공하는 것이 논리적 사고와 독립성을 기르는 데 중요합니다. 의사 결정을 장려하면 책임감과 자신감이 형성됩니다.

Letting children solve their own problems fosters resilience.

아이들이 스스로 문제를 해결할 기회를 주는 것은 회복력을 키웁니다.

Vocabulary

solve [솔브]	solve a problem
v. 해결하다	문제를 해결하다
problem [프라블럼]	analyze a problem
n. 문제	문제를 분석하다
foster [포스터]	foster curiosity in learning
v. 기르다, 촉진하다	학습에서 호기심을 키우다
resilience [리질리언스]	build resilience in adversity
n. 회복력, 강인함	역경 속에서 회복력을 기르다
cognitive [코그너티브]	enhance cognitive flexibility
a. 인지의, 사고의	인지적 유연성을 향상시키다
independently [인디펜던틀리]	make decisions independently
ad. 독립적으로	독립적으로 결정을 내리다
critical thinking [크리티컬 띵킹]	enhance critical thinking skills
n. 비판적 사고	비판적 사고 능력을 향상시키다

According to Lev Vygotsky's Sociocultural Theory of Development, children develop higher cognitive functions through problem-solving experiences. Allowing them to face challenges independently builds resilience and critical thinking skills.

레프 비고츠키(Lev Vygotsky)의 사회문화적 발달 이론에 따르면, 아이들은 문제 해결 경험을 통해 높은 수준의 사고 능력을 발달시킵니다. 스스로 도전에 직면하게 하면 회복력과 비판적 사고 능력이 향상됩니다.

82. DATE. 20 . . .

Parents should guide, not control, their child's journey to independence.

부모는 자녀의 독립을 돕는 안내자이지, 통제자가 되어서는 안 됩니다.

Vocabulary

guide [가이드]	guide children with patience
v. 안내하다, 이끌다	인내심을 가지고 아이들을 안내하다
control [컨트롤]	control one's emotions
v. 통제하다, 지배하다	감정을 조절하다
independence [인디펜던스]	gain financial independence
n. 독립, 자립	경제적 독립을 얻다
authoritative [어쏘러테이티브]	use an authoritative approach
a. 권위 있는 (but supportive)	권위 있는 접근 방식을 사용하다
balance [밸런스]	balance work and life
v. 균형을 맞추다	일과 삶의 균형을 유지하다
autonomy [어타너미]	encourage autonomy in children
n. 자율성, 자립심	아이들에게 자율성을 장려하다
responsibility [리스펀서빌리티]	instill a sense of responsibility
n. 책임, 의무	책임감을 심어주다

Diana Baumrind's Parenting Styles Theory suggests that authoritative parenting, which balances guidance and independence, fosters the healthiest child development. Encouraging autonomy helps children develop confidence and responsibility.

다이애나 바움린드(Diana Baumrind)의 양육 유형 이론에 따르면, 지도와 독립의 균형이 유지되는 권위 있는 양육 방식이 아이들의 건강한 성장에 가장 효과적입니다. 자율성을 장려하면 자신감과 책임감을 발달시킬 수 있습니다.

83. DATE. 20 . . .

Give children room to make mistakes and learn from them.

아이들에게 실수를 할 여지를 주고, 그 속에서 배우게 하세요

Vocabulary

room [룸]	leave room for creativity
n. 여지, 공간	창의성을 발휘할 여지를 남기다
mistake [미스테이크]	acknowledge a mistake
n. 실수	실수를 인정하다
reflect [리플렉트]	reflect on past experiences
v. 숙고하다, 되돌아보다	과거 경험을 되돌아보다
resist [리지스트]	resist external pressure
v. 저항하다, 참다	외부 압력에 저항하다
fix [픽스]	fix an issue effectively
v. 고치다, 해결하다	문제를 효과적으로 해결하다
independence [인디펜던스]	encourage financial independence
n. 독립, 자립	경제적 독립을 장려하다
resilience [리질리언스]	demonstrate resilience in adversity
n. 회복력, 강인함	역경 속에서 회복력을 보이다

Children learn best when they are allowed to make mistakes and reflect on them. Parents who resist the urge to fix everything help their children develop independence and resilience.

아이들은 실수를 할 수 있게 허용 받고 실수를 돌아보면서 가장 효과적으로 배웁니다. 부모가 모든 문제를 대신 해결해 주려는 마음을 참으면, 아이들은 독립성과 회복력을 키울 수 있습니다.

84. DATE. 20 . . .

Encourage problem-solving instead of giving instant solutions.

즉각적인 해결책을 주기보다, 아이가 문제를 해결할 수 있게 격려해 주세요.

Vocabulary

problem-solving [프라블럼 솔빙] 문제 해결(의)	foster problem-solving skills 문제 해결 능력을 키우다
instant [인스턴트] a. 즉각적인, 즉시의	seek instant gratification 즉각적인 만족을 추구하다
solution [솔루션] n. 해결책, 해답	find a practical solution 실용적인 해결책을 찾다
critical thinking [크리티컬 띵킹] n. 비판적 사고	develop critical thinking skills 비판적 사고 능력을 발달시키다
explore [익스플로어] v. 탐색하다, 조사하다	explore new possibilities 새로운 가능성을 탐색하다
independence [인디펜던스] n. 독립, 자립	achieve financial independence 경제적 독립을 이루다
resilience [리질리언스] n. 회복력, 강인함	demonstrate resilience in adversity 역경 속에서 회복력을 보이다

Rather than giving children the answers, encourage them to think critically and explore different solutions. This fosters independence, confidence, and resilience.

아이들에게 정답을 주기보다, 비판적으로 사고하고 다양한 해결 방법을 탐색하도록 격려해 주세요. 이는 독립성과 자신감, 그리고 회복력을 키우는 데 도움이 됩니다.

85. DATE. 20 . . .

Chores teach responsibility and self-sufficiency.
집안일은 책임감과 자립심을 키워줍니다.

_____

_____

_____

_____

Vocabulary

chore [초어]	share household chores
n. 집안일, 허드렛일	집안일을 분담하다
responsibility [리스펀서빌리티]	instill a sense of responsibility
n. 책임감, 의무	책임감을 심어주다
self-sufficiency [셀프 서피션시]	develop self-sufficiency skills
n. 자립, 자급자족	자립 능력을 기르다
household [하우스홀드]	manage household duties
a. 가정의, 가족의	가정 내 의무를 관리하다
teamwork [팀워크]	promote teamwork in projects
n. 협동심	프로젝트에서 협동심을 장려하다
confidence [컨피던스]	gain confidence through practice
n. 자신감	연습을 통해 자신감을 얻다
challenge [챌린지]	prepare for future challenges
n. 도전, 과제	미래의 도전에 대비하다

Giving children household chores teaches them responsibility, teamwork, and independence. Completing small tasks builds confidence and prepares them for future challenges.

아이들에게 집안일을 맡기는 것은 책임감, 협력, 그리고 독립성을 기르는 데 도움이 됩니다. 작은 과업을 완수하는 경험이 자신감을 키우고 미래의 도전에 대비할 수 있게 합니다.

---

86. DATE. 20 . . .

Teach children to manage their own time.
아이들이 스스로 시간을 관리하도록 가르치세요.

Vocabulary

manage [매니지]	manage stress effectively
v. 관리하다, 조절하다	스트레스를 효과적으로 조절하다
time management [타임 매니지먼트]	master time management skills
n. 시간 관리	시간 관리 능력을 익히다
responsible [리스펀서블]	become a responsible individual
a. 책임감 있는	책임감 있는 사람이 되다
independent [인디펜던트]	develop independent thinking
a. 독립적인	독립적인 사고력을 기르다
structure [스트럭처]	structure information logically
v. 구조화하다, 체계적으로 정리하다	정보를 논리적으로 구조화하다
self-discipline [셀프 디서플린]	apply self-discipline in daily life
n. 자기 규율, 자제력	일상생활에서 자기 규율을 실천하다
productivity [프로덕티비티]	increase productivity at work
n. 생산성, 효율성	업무 생산성을 높이다

Teaching children time management skills helps them become responsible and independent. Allowing them to structure their own schedules fosters self-discipline and productivity.

아이들에게 시간 관리 능력을 가르치면 책임감과 독립심이 길러집니다. 스스로 일정을 조정하도록 하면 자기 규율과 생산성이 향상됩니다.

87. DATE. 20 . . .

Encourage children to set and achieve goals.
아이들이 목표를 설정하고 달성하는 법을 배우도록 도와주세요

Vocabulary

set [셋]	set priorities wisely
v. 설정하다, 정하다	우선순위를 현명하게 정하다
achieve [어치브]	achieve success through effort
v. 달성하다, 이루다	노력으로 성공을 이루다
accomplish [어컴플리쉬]	accomplish long-term goals
v. 성취하다, 완수하다	장기 목표를 완수하다
perseverance [퍼서비어런스]	develop perseverance through practice
n. 끈기, 인내	연습을 통해 끈기를 기르다
discipline [디서플린]	maintain discipline in daily life
n. 자기 규율, 절제	일상에서 자기 규율을 유지하다
independence [인디펜던스]	gain independence through responsibility
n. 독립, 자립	책임을 통해 독립성을 기르다
motivation [모티베이션]	increase motivation through rewards
n. 동기	보상을 통해 동기를 높이다

Helping children set and accomplish goals teaches them perseverance, discipline, and independence. Achievements, big or small, build confidence and motivation.

아이들이 목표를 설정하고 달성하도록 돕는 것은 인내심과 자기 규율, 독립성을 기르는 데 도움이 됩니다. 크든 작든 성취 경험은 자신감과 동기를 키워줍니다.

Let children take ownership of their responsibilities.
아이들이 자신의 책임을 스스로 감당하도록 하세요.

Vocabulary

ownership [오너쉽] n. 책임감, 주인의식	take full ownership 전적인 책임을 지다
responsibility [리스펀서빌리티] n. 책임, 의무	assume responsibility for actions 행동에 대한 책임을 맡다
accountability [어카운터빌리티] n. 책임 의식	demonstrate accountability 책임 의식을 보이다
manage [매니지] v. 관리하다, 감당하다	manage time effectively 시간을 효과적으로 관리하다
confidence [컨피던스] n. 자신감	gain confidence through practice 연습을 통해 자신감을 얻다
problem-solving [프라블럼 솔빙] 문제 해결(의)	enhance problem-solving skills 문제 해결 능력을 향상시키다
independence [인디펜던스] n. 독립, 자립	support financial independence 경제적 독립을 지원하다

Encouraging children to take ownership of their responsibilities helps build independence and accountability. When children manage their own tasks, they develop confidence and problem-solving skills.

아이들이 자신의 책임을 스스로 감당하도록 격려하면 독립성과 책임 의식을 키우는 데 도움이 됩니다. 자신이 맡은 일을 관리하는 과정에서 자신감과 문제 해결 능력이 길러집니다.

89. DATE. 20 . . .

Letting go is not losing your child, but trusting that they have grown strong enough to fly on their own.

자녀를 떠나보내는 것은 그들을 잃는 것이 아니라, 그들이 스스로 날아 갈 만큼 충분히 강해졌다고 믿는 것입니다.

Vocabulary

let go [렛 고우]	let go with love
v. 놓아주다, 보내주다	사랑으로 놓아주다
trust [트러스트]	a sign of trust
n. 신뢰	신뢰의 표시
loss [로스]	a sense of loss
n. 상실, 잃음	상실감
proof [프루프]	proof of love
n. 증거	사랑의 증거
independence [인디펜던스]	grow in independence
n. 자립, 독립	자립심이 자라나다
foundation [파운데이션]	lay a strong foundation
n. 기반, 토대	튼튼한 토대를 마련하다
carry [캐리]	carry home in their hearts
v. 지니다, 품다	그들의 마음속에 집을 간직하다

Letting go is a sign of trust, not loss. Watching them grow strong is proof of your love. Independence is built on the foundation of your support. They may fly away, but they will always carry home in their hearts.

떠나보낸다는 것은 신뢰의 표현이지, 잃는 것이 아닙니다. 그들이 씩씩하게 자라는 모습을 보는 것은 당신의 사랑의 증거입니다. 독립은 당신의 지지를 토대로 형성됩니다. 그들은 날아가더라도 항상 마음속에 집을 품고 있을 것입니다.

---

90. DATE. 20 . . .

You have given them roots to ground them and wings to set them free. Now, watch them soar.

당신은 아이에게 뿌리를 주어 그들을 단단하게 하고, 날개를 주어 자유롭게 했습니다. 이제 그들이 날아오르는 모습을 지켜보세요.

Vocabulary

root [루트]	give strong roots
n. 뿌리, 근원	튼튼한 뿌리를 주다
ground [그라운드]	ground decisions in wisdom
v. 기반을 마련하다, 바탕으로 하다	지혜를 바탕으로 결정을 내리다
wing [윙]	spread their wings
n. 날개, 자유	날개를 펼치다
soar [소어]	soar beyond limitations
v. 높이 날아오르다	한계를 넘어 높이 날다
foundation [파운데이션]	build a strong foundation
n. 기반, 기초	탄탄한 기반을 만들다
horizon [호라이즌]	explore new horizons
n. 지평선, 가능성	새로운 가능성을 탐험하다
reward [리워드]	receive the greatest reward
n. 보상, 성과	최고의 보상을 받다

A strong foundation helps them stand firm. Freedom allows them to explore new horizons. You have given them both, and now they are ready to soar. Watching them succeed is your greatest reward.

단단한 기반은 아이들이 흔들리지 않도록 도와줍니다. 자유는 그들이 새로운 세상을 탐험할 수 있도록 합니다. 당신은 이 두 가지를 모두 주었기에 이제 아이들은 날아오를 준비가 되었습니다. 그들이 성공하는 모습을 지켜보는 것이 당신에게 주어지는 가장 큰 보상입니다.

_____

_____

_____

_____

_____

_____

_____

_____

_____

_____

_____

91. DATE. 20 . . .

Independence is not a sign of separation, but a testament to the love and guidance you have given.

독립은 헤어짐의 표시가 아니라, 당신이 베풀어온 사랑과 가르침의 증거입니다.

Vocabulary

independence [인디펜던스]	foster independence gradually
n. 독립, 자립	점진적으로 독립심을 키우다
separation [세퍼레이션]	overcome the pain of separation
n. 헤어짐, 분리	이별의 아픔을 극복하다
testament [테스터먼트]	serve as a testament to success
n. 증거, 입증	성공의 증거가 되다
unconditional [언컨디셔널]	show unconditional love
a. 무조건적인	무조건적인 사랑을 보여주다
confidence [컨피던스]	demonstrate confidence in abilities
n. 자신감	능력에 대한 자신감을 보이다
guidance [가이던스]	seek guidance from mentors
n. 지도, 안내	멘토에게 지도를 구하다
grow [그로우]	grow through challenges
v. 성장하다, 발달하다	도전을 통해 성장하다

Independence is proof of your unconditional love. It means they are ready to face the world with confidence. Your guidance will always be a part of them. Watching them grow is the greatest testament to your love.

독립은 당신의 무조건적인 사랑의 증거입니다. 이는 아이들이 세상을 자신 있게 마주할 준비가 되었다는 뜻입니다. 당신의 가르침은 항상 그들의 일부로 남아 있을 것입니다. 그들이 성장하는 모습을 지켜보는 것이 당신의 사랑을 증명하는 가장 큰 증거입니다.

No matter how far they go, your love will always be their guiding light.

그들이 얼마나 멀리 가든, 당신의 사랑은 항상 그들의 길을 밝혀줄 것입니다.

Vocabulary

remain [리메인]	remain strong through hardships
v. 남다, 지속되다	어려움 속에서도 강인함을 유지하다
instill [인스틸]	instill strong values
v. 주입하다, 스며들게 하다	강한 가치를 주입하다
compass [컴퍼스]	use wisdom as a compass
n. 나침반, 길잡이	지혜를 나침반으로 삼다
distance [디스턴스]	bridge the distance with love
n. 거리, 간격	사랑으로 거리를 좁히다
connection [커넥션]	strengthen emotional connection
n. 연결, 유대	정서적 유대를 강화하다
anchor [앵커]	serve as an anchor in tough times
n. 닻, 의지할 대상	힘든 시기에 버팀목이 되다
guiding [가이딩]	follow a guiding principle
a. 길을 밝히는, 안내하는	인도하는 원칙을 따르다

Even when they are far away, your love will remain with them. The values you have instilled will be their compass in life. No distance can break the connection between parent and child. Your love is their anchor and guiding light.

자녀들이 멀리 있더라도, 당신의 사랑은 항상 그들과 함께할 것입니다. 당신이 심어준 가치관은 그들의 삶에서 나침반이 될 것입니다. 부모와 자녀의 연결은 아무리 먼 거리도 끊을 수 없습니다. 당신의 사랑은 그들에게 닻이자 길을 밝히는 등불입니다.

You have done your part, and you have done it beautifully. Now, it's their turn to shine.

당신은 맡은 역할을 다 했습니다. 아주 훌륭하게 말입니다. 이제는 자녀가 빛날 차례입니다.

_____

_____

_____

Vocabulary

raise [레이즈]	raise children with love
v. 키우다, 양육하다	사랑으로 아이들을 키우다
wisdom [위즈덤]	pass down wisdom
n. 지혜	지혜를 전수하다
patience [페이션스]	teach patience through guidance
n. 인내	지도를 통해 인내심을 가르치다
step forward [스텝 포워드]	step forward with confidence
v. 나아가다, 앞으로 나서다	자신감을 가지고 나아가다
reflection [리플렉션]	a reflection of character
n. 반영, 모습	성격의 반영
dedication [데디케이션]	recognize parental dedication
n. 헌신, 전념	부모의 헌신을 인정하다
shine [샤인]	shine with confidence
v. 빛나다, 두각을 나타내다	자신감으로 빛나다

You have raised them with love, wisdom, and patience. Now, it's time to watch them step forward with confidence. Their success is a reflection of your dedication. You have given them everything they need to shine.

당신은 사랑과 지혜, 인내심으로 자녀를 키웠습니다. 이제 그들이 자신감을 가지고 나아가는 모습을 지켜볼 차례입니다. 그들의 성공은 당신의 헌신을 반영합니다. 당신은 그들이 빛날 수 있도록 필요한 모든 것을 주었습니다.

94. DATE. 20 . . .

The love between a parent and child is never measured by distance, but by the connection in their hearts.

부모와 자녀 사이의 사랑은 거리가 아니라, 서로의 마음속의 연결로 측정됩니다.

Vocabulary

measure [메저]	measure success by effort
v. 측정하다, 평가하다	성공을 노력으로 평가하다
distance [디스턴스]	close the emotional distance
n. 거리, 간격	정서적 거리를 좁히다
connection [커넥션]	strengthen emotional connection
n. 연결, 유대감	정서적 유대를 강화하다
timeless [타임리스]	hold onto timeless values
a. 영원한, 변치 않는	변치 않는 가치를 지키다
unbreakable [언브레이커블]	form an unbreakable bond
a. 깨지지 않는, 강한	깨지지 않는 유대를 형성하다
bound [바운드]	legally bound
a. 제한된, 구속된	법적으로 구속된
remain [리메인]	remain unchanged over time
v. 남다, 지속되다	시간이 지나도 변하지 않다

Physical distance means nothing when hearts remain close. The love you share is timeless and unbreakable. No matter where they go, they will always be connected to you. True love is never bound by space or time.

서로의 마음이 가깝다면, 몸이 멀어지는 것은 중요하지 않습니다. 당신이 나눠주는 사랑은 영원하며, 결코 끊어질 수 없습니다. 아이들은 어디에 있든 항상 당신과 연결되어 있을 것입니다. 진정한 사랑은 시간이나 공간에 얽매이지 않습니다.

---

95. DATE. 20 . . .

They may have left the nest, but they will never leave your heart.

그들이 둥지를 떠났을지라도, 당신의 마음에서는 절대 떠나지 않을 것입니다.

Vocabulary

nest [네스트]	leave the nest
n. 둥지, 보금자리	둥지를 떠나다
journey [저니]	begin a new journey
n. 여정, 여행	새로운 여정을 시작하다
carry [캐리]	carry love and lessons
v. 지니다, 품다	사랑과 교훈을 간직하다
lesson [레슨]	learn life lessons
n. 교훈, 배움	삶의 교훈을 배우다
wherever [웨어에버]	go wherever life leads
어디든지	삶이 이끄는 곳 어디든 가다
fade [페이드]	memories never fade
v. 사라지다, 희미해지다	기억은 결코 사라지지 않는다
part [파트]	be a part of them
n. 일부, 부분	그들의 일부가 되다

Letting them leave is not the end; it's the beginning of their new journey. They will carry your love and lessons wherever they go. The home you built in their hearts will never fade. Your love will always be a part of them.

자녀를 떠나보낸다는 것은 끝이 아니라, 그들의 새로운 여정의 시작입니다. 그들은 어디를 가든 당신의 사랑과 가르침을 간직할 것입니다. 당신이 그들 마음 속에 지은 집은 결코 사라지지 않습니다. 당신의 사랑은 영원히 그들의 일부일 것입니다.

96. DATE. 20 . . .

Each step they take forward is proof of the love and wisdom you've given them.

그들이 내딛는 한 걸음 한 걸음이 당신이 주었던 사랑과 지혜의 증거입니다.

Vocabulary

step [스텝]	take the first step
n. 발걸음, 단계	첫 발걸음을 내딛다
proof [프루프]	proof of unwavering love
n. 증거, 입증	변함없는 사랑의 증거
milestone [마일스톤]	reach important milestones
n. 중요한 단계, 이정표	중요한 이정표에 도달하다
reflection [리플렉션]	a reflection of effort
n. 반영, 표현	노력의 반영
navigate [내비게이트]	navigate through challenges
v. 길을 찾다, 인생을 헤쳐 나가다	도전을 헤쳐 나가다
tribute [트리뷰트]	pay tribute to parents
n. 헌사, 존경의 표현	부모에게 존경을 표하다
unwavering [언웨이버링]	show unwavering support
a. 변함없는, 확고한	변함없는 지지를 보여주다

Every milestone they reach is a reflection of your guidance. You have given them the tools to navigate life. Your lessons will continue to guide them long after they leave home. Their success is a tribute to your unwavering support.

아이들이 이루는 모든 성취는 당신의 가르침을 반영합니다. 당신은 그들이 삶을 헤쳐나갈 수 있도록 필요한 도구를 주었습니다. 당신의 가르침은 아이들이 집을 떠난 한참 뒤에도 그들의 길잡이가 될 것입니다. 그들의 성공은 변함없는 당신의 지지에 대한 감사입니다.

You have spent years holding their hands. Now, trust them to stand on their own.

당신은 오랫동안 자녀의 손을 잡아 주었습니다. 이제는 그들이 스스로 설 수 있도록 믿어 주세요.

Vocabulary

hold [홀드]	hold strong in adversity
v. 잡다, 붙들다	역경 속에서도 강하게 버티다
trust [트러스트]	trust the process
v. 신뢰하다, 믿다	과정을 믿다
stand [스탠드]	help them stand tall
v. 서다, 자립하다	그들이 당당히 설 수 있도록 돕다
challenge [챌린지]	overcome challenges with support
n. 도전, 어려움	지지를 통해 어려움을 극복하다
confidence [컨피던스]	walk forward with confidence
n. 자신감	자신감을 가지고 나아가다
silent [사일런트]	offer silent encouragement
a. 조용한, 말없는	조용히 격려를 보내다
support [서포트]	offer unconditional support
n. 지지, 지원	무조건적인 지지를 제공하다

You have held their hand through every challenge. Now, let them walk forward with confidence. Trust that they have learned well from you. Your love will always be their silent support.

당신은 모든 도전에서 자녀의 손을 잡아 주었습니다. 이제는 그들이 자신감을 가지고 나아가도록 해주세요. 그들이 당신에게서 제대로 배웠다는 것을 믿어 보세요. 당신의 사랑은 언제나 그들에게 보이지 않는 힘이 되어줄 것입니다.

98. DATE. 20 . . .

The love of a parent is the first love a child ever knows, and the one that stays forever.

부모의 사랑은 아이가 처음으로 알게 되는 사랑이며, 영원히 함께하는 사랑입니다.

Vocabulary

unbreakable [언브레이커블]	form an unbreakable bond
a. 깨지지 않는, 강한	깨지지 않는 유대를 형성하다
bond [본드]	strengthen the parent-child bond
n. 유대, 연결	부모와 자녀 간의 유대를 강화하다
foundation [파운데이션]	build a strong emotional foundation
n. 기반, 기초	강한 정서적 기반을 형성하다
emotional [이모셔널]	support emotional well-being
a. 감정적인, 정서적인	정서적 안정을 지원하다
security [시큐리티]	provide a sense of security
n. 안정감, 안전	안정감을 제공하다
confidence [컨피던스]	shape confidence
n. 자신감	자신감을 형성하다
stay [스테이]	stay strong in tough times
v. 머무르다, 지속되다	힘든 시기에도 강하게 버티다

A parent's love is the first and most unbreakable bond a child experiences, laying the foundation of their emotional world. This love stays with them forever, shaping their confidence and sense of security.

부모의 사랑은 아이가 처음으로 경험하는 사랑이자, 가장 깨어지지 않는 유대이며, 아이의 정서적 세계를 형성하는 기반이 됩니다. 이 사랑은 영원히 남아, 아이의 자신감과 안정감을 키워줍니다.

99. DATE. 20 . . .

A parent's love is written in the little things—bedtime stories, warm hugs, and listening ears.

부모의 사랑은 작은 것들 속에 쓰여 있습니다. 잠자리에서 들려주는 이야기, 따뜻한 포옹, 그리고 귀 기울여 듣는 마음속에.

Vocabulary

moment [모먼트]	cherish the little moments
n. 순간	작은 순간을 소중히 여기다
bedtime [베드타임]	bedtime stories
n. 잠자리 시간	잠자리 동화
hug [허그]	give warm hugs
n. 포옹	따뜻한 포옹을 해주다
listen [리슨]	offer listening ears
v. 귀 기울이다	귀 기울여 들어주다
security [시큐리티]	provide emotional security
n. 안정감	정서적 안정감을 제공하다
comfort [컴포트]	bring comfort through presence
n. 위로, 편안함	함께함으로 위안을 주다
connection [커넥션]	create a lifelong connection
n. 유대, 연결	평생의 유대감을 형성하다

**A parent's love is written in the little moments—
the bedtime stories, the warm hugs, and the listening
ears that provide security, comfort, and a lifelong
connection.**

부모의 사랑은 작은 순간들 속에 쓰여 있습니다—잠자리에서 들려
주는 이야기, 따뜻한 포옹, 그리고 귀 기울여 듣는 마음이 안정감,
위로, 그리고 평생의 유대감을 만들어 줍니다.

_____

_____

_____

_____

_____

_____

_____

_____

_____

_____

_____

100. DATE. 20 . . .

The greatest legacy we can leave our children is happy memories.

우리가 아이들에게 남길 수 있는 가장 위대한 유산은 행복한 추억입니다.

Vocabulary

legacy [레거시]	leave a meaningful legacy
n. 유산	의미 있는 유산을 남기다
wealth [웰쓰]	material wealth
n. 부, 재산	물질적 부
memory [메모리]	create happy memories
n. 기억, 추억	행복한 추억을 만들다
happiness [해피니스]	build lasting happiness
n. 행복	지속적인 행복을 쌓다
presence [프레즌스]	value parental presence
n. 함께함, 존재	부모의 존재를 소중히 여기다
experience [익스피리언스]	share meaningful experiences
n. 경험	의미 있는 경험을 나누다
lifetime [라이프타임]	last a lifetime
n. 일생, 평생	평생 지속되다

The greatest legacy a parent can leave is not wealth, but happy memories. A child's happiness is built through love, presence, and shared experiences that last a lifetime.

부모가 남길 수 있는 가장 위대한 유산은 재산이 아니라 행복한 추억입니다. 아이의 행복은 사랑, 함께하는 시간, 그리고 평생 지속될 공유된 경험으로 만들어집니다.

부모를 위한 강철 멘탈 필사노트

ⓒ정승익

초판 1쇄 인쇄 | 2025년 4월 25일

지은이 | 정승익
편집인 | 김진호
디자인 | 주서윤
마케팅 | 네버기브업

펴낸곳 | 네버기브업
ISBN | 979-11-94600-20-6(10740)

이메일 | nevernevergiveup2024@gmail.com